Boris Rozanski

Das ungleiche Liebespaar in der 'Screwball Comedy'

Paarbildung und Selbstfindung von Frank Capras
It Happened One Night
bis zu Jonathan Demmes *Something Wild*

FILM- UND MEDIENWISSENSCHAFT

Herausgegeben von Irmbert Schenk und Hans Jürgen Wulff

ISSN 1866-3397

5 *Anna Praßler*
Narration im neueren Hollywoodfilm
Die Entwürfe des Körperlichen, Räumlichen und Zeitlichen in *Magnolia*, *21 Grams* und *Solaris*
ISBN 978-3-89821-943-3

6 *Evelyn Echle*
Danse Macabre im Kino
Die Figur des personifizierten Todes als filmische Allegorie
ISBN 978-3-89821-939-6

7 *Miriam Grossmann*
Soziale Figurationen und Selbstentwürfe
Schauspieler und Figureninszenierung in Eric Rohmers *Pauline am Strand*, *Vollmondnächte* und *Das grüne Leuchten*
ISBN 978-3-89821-944-0

8 *Peter Klimczak*
40 Jahre ‚Planet der Affen'
Zeitgeist- und Reihenkompatibilität – über Erfolg und Misserfolg von Adaptionen
ISBN 978-3-89821-977-8

9 *Ingo Lehmann*
Ziellose Bewegungen und mediale Selbstauflösung
Das absurde «Genrefilm-Theater» Monte Hellmans
ISBN 978-3-89821-917-4

10 *Gerd Naumann*
Der Filmkomponist Peter Thomas
Von Edgar Wallace und Jerry Cotton zur Raumpatrouille Orion
ISBN 978-3-8382-0003-3

11 *Anja-Magali Bitter*
Die Inszenierung des Realen
Entwicklung und Perzeption des neueren französischen Dokumentarfilms
ISBN 978-3-8382-0066-8

12 *Martin Hennig*
Warum die Welt Superman nicht braucht
Die Konzeption des Superhelden und ihre Funktion für den Gesellschaftsentwurf in US-amerikanischen Filmproduktionen
ISBN 978-3-8382-0046-0

13 *Esther Lulaj*
Nimm (nicht) ab!
Zur Funktion des Telefons im Spielfilm – Von Metropolis bis Matrix
ISBN 978-3-8382-0125-2

Boris Rozanski

DAS UNGLEICHE LIEBESPAAR IN DER 'SCREWBALL COMEDY'

Paarbildung und Selbstfindung von Frank Capras
It Happened One Night
bis zu Jonathan Demmes *Something Wild*

ibidem-Verlag
Stuttgart

Bibliografische Information der Deutschen Nationalbibliothek
Die Deutsche Nationalbibliothek verzeichnet diese Publikation in der Deutschen Nationalbibliografie; detaillierte bibliografische Daten sind im Internet über http://dnb.d-nb.de abrufbar.

Bibliographic information published by the Deutsche Nationalbibliothek
Die Deutsche Nationalbibliothek lists this publication in the Deutsche Nationalbibliografie; detailed bibliographic data are available in the Internet at http://dnb.d-nb.de.

Coverabbildung: © Liddy Hansdottir - Fotolia.com

∞

Gedruckt auf alterungsbeständigem, säurefreien Papier
Printed on acid-free paper

ISSN: 1866-3397

ISBN-10: 3-8382-0145-0
ISBN-13: 978-3-8382-0145-0

© *ibidem*-Verlag
Stuttgart 2010

Alle Rechte vorbehalten

Das Werk einschließlich aller seiner Teile ist urheberrechtlich geschützt. Jede Verwertung außerhalb der engen Grenzen des Urheberrechtsgesetzes ist ohne Zustimmung des Verlages unzulässig und strafbar. Dies gilt insbesondere für Vervielfältigungen, Übersetzungen, Mikroverfilmungen und elektronische Speicherformen sowie die Einspeicherung und Verarbeitung in elektronischen Systemen.

All rights reserved. No part of this publication may be reproduced, stored in or introduced into a retrieval system, or transmitted, in any form, or by any means (electronical, mechanical, photocopying, recording or otherwise) without the prior written permission of the publisher. Any person who does any unauthorized act in relation to this publication may be liable to criminal prosecution and civil claims for damages.

Printed in Germany

Inhaltsverzeichnis

1. Einleitung

Film nimmt in unserer Kultur und Gesellschaft eine wesentliche Position ein. Zum Teil unbemerkt sind die Einflüsse, denen sich der Zuschauer im Kinosessel aussetzt, nichtsdestotrotz formen sie unsere Wahrnehmung der Welt und unser soziales Verhalten. Insbesondere im 'romantischen Diskurs'[1] ist die vom Hollywood-Kino kommunizierte semantische Struktur von wesentlicher Bedeutung, da sie dem Zuschauer verschiedene Rollen- und Verhaltensmodelle anbietet.[2] Die Untersuchung eines filmwissenschaftlichen Sachverhaltes ist somit die der rituellen Rolle, welche Filme für ihr Publikum spielen können:

> Hollywood film is important because it constitutes a significant cultural practice, the conventions of which are related to the way we live. [...] Such an approach understands Hollywood filmmaking as an activity that occupies a position in contemporary culture analogous to the place that ritual occupies in more primitive societies.[3]

Es ist unerheblich, ob das Publikum die Filme als Fiktion versteht oder nicht, denn wiederkehrende Muster können, obwohl sie als nicht real erkannt werden, unbewusst als Verhaltensmodell innerhalb einer Gesellschaft Wirkung erlangen.[4] Auch wenn die 'romantische Komödie' und die ihr anverwandten Formen generell als simpel und banal erachtet werden,[5] sind gerade die Mechanismen der komischen Filmformen, unter welchen die Liebeskomödie zu den am weitest verbreiteten zählt,[6] auf besondere Weise dazu geeignet, gesellschaftliche Probleme zu thematisieren und die Art und Weise, wie wir über diese kommunizieren, zu beeinflussen:

---

[1] Vgl. zum Konzept der 'romantischen Liebe' die Ausführungen in: Luhmann, Niklas: *Liebe als Passion. Zur Codierung von Intimität*. Frankfurt[4] a. M. 1984. S. 163-182. Und vgl. zum Konzept des 'Diskurses' die Ausführungen in: Foucault, Michel: *Die Ordnung des Diskurses*. Frankfurt[9] a. M. 2003.

[2] Vgl. Wright Wexman, Virginia: *Creating the Couple. Love, Marriage, and Hollywood Performance*. Princeton 1993. S. 5-8.

[3] Ebd. S. 4.

[4] Vgl. Shumway, David R.: *Modern Love. Romance, Intimacy, and the Marriage Crisis*. New York 2003. S. 5. Oder auch: Bourget, Jean-Loup: "Social Implications in the Hollywood Genres." In: Barry Keith Grant (Hg.): *Film Genre Reader II*. Austin 1995. S. 50-58. Hier: S. 51.

[5] Vgl. McDonald, Tamar Jeffers: *Romantic Comedy. Boy meets girl meets genre*. London 2007. S. 7.

[6] Vgl. auch Neale, Steve und Krutnik, Frank: *Popular Film and Television Comedy*. London 1990. S. 132.

> Comedy pulls everything down to its most basic level, and as such it transcends petty concerns of the moment and enters a space where the sacred and the profane merge.[7]

Als im Jahr 1934 Frank Capras *It Happened One Night* mit den fünf wichtigsten Academy Awards ausgezeichnet wird,[8] lässt sich bereits erahnen, welch großen Einfluss dieser Film auf alle nach ihm produzierten Komödien und den romantischen Diskurs ausüben wird.[9] Das Genre der 'Screwball Comedy', welches Capras Film begründet, wird zu einem der beliebtesten in den 30er- und 40er-Jahren.[10] Selbst heute noch besteht diese Form der Komödie in modernen Variationen. Dass die 'Screwball' fest im kulturellen Bewusstsein verankert ist,[11] belegt ihre Renaissance Ende der 80er-Jahre und ihr erneut großer Marktanteil:

> The 1980s and early 1990s have seen a revival of the genre which responds to the increasing problematisation of marriage and gender relations – the aftermath of the 1960s' 'sexual revolution' – and to the feeling that patriarchy is declining.[12]

Aufgrund der andauernden Attraktion, welche die Screwball-Komödie auf die Kinogänger ausübt, ist sie mehrfach Gegenstand wissenschaftlicher Analysen gewesen. Tatsächlich zählt der prototypische Vertreter des Genres *Bringing Up Baby* zu der Filmgruppe mit den meisten zugehörigen wissenschaftlichen Publikationen überhaupt.[13] Schwerpunkt der Untersuchungen sind mit durchaus unterschiedlichen Ergebnissen insbesondere das Verständnis der Geschlechterrollen,[14] die Darstellung

---

[7] Brunovska Karnick, Kristine und Jenkins, Henry: "Comedy and the Social World." In: Dies. (Hg.): *Classical Hollywood Comedies*. New York 1995. S. 265-281. Hier: S. 265.

[8] Vgl. Kaufmann, Anette: "Es geschah in einer Nacht." In: Thomas Koebner und Jürgen Felix (Hg.): *Filmgenres. Melodram und Liebeskomödie*. Stuttgart 2007. S. 44-51. Hier: S. 45.

[9] Vgl. Dies.: *Der Liebesfilm. Spielregeln eines Filmgenres*. Konstanz 2007. S. 219.

[10] Vgl. Bergmann, Andrew: "Frank Capra and Screwball Comedy, 1931-1941." In: Ders.: *We're in the money. Depression America and it's films*. New York 1971. S. 132-148. Hier: S. 132-133.

[11] Vgl. Preston, Catherine L.: "Hanging on a Star: The Resurrection of the Romance Film in the 1990s." In: Wheeler Winston Dixon (Hg.): *Film Genre 2000. New Critical Essays*. New York 2000. S. 227-243. Hier: S. 228-229.

[12] Río, Constanza del: "Something Wild: Take a walk on the wild side (but be home before midnight)." In: Peter William Evans und Celestino Deleyto (Hg.): *Terms of endearment. Hollywood romantic comedy of the 1980s and 1990s*. Edinburgh 1998. S. 75-92. Hier: S. 77.

[13] Vgl. McDonald: *Romantic Comedy.* S. 29.

[14] Vgl. die Ausführungen in Shumway: *Modern Love.*

sozialer Zustände[15] oder unterschiedliche Liebeskonzepte.[16] Über diese für die 'Screwball Comedy' typischen Themenkomplexe und die mit ihnen einhergehenden Handlungsmuster kann eine grobe Definition des Genres erfolgen:

> [T]he characters act in unpredictable and unconventional ways, as if crazy or drunk; their language is pacy, their physical action no less swift, with chases a common event for symbolic representation of this violent form of love, as, frequently, the woman chooses and pursues her man and he flees from her.[17]

Ein häufiges Motiv in der Screwball-Komödie ist das ungleiche Liebespaar, das durch zwei Charaktere, die entweder unterschiedlichen sozialen Klassen entstammen oder generell gegensätzliche Persönlichkeiten aufweisen, gebildet wird. Die Differenzen in Abstammung und Einstellung der Partner führen zu zahlreichen Verwicklungen, bevor es nichtsdestotrotz am Ende des Films üblicherweise zu einer romantischen Vereinigung kommt:

> The film's plots characteristically involved a sexual confrontation between an initially antagonistic couple whose ideological differences heightened their animosity. Their courtship entailed the verbal and physical sparring referred to as the battle of the sexes, and their recognition of mutual love and decision to marry (or remarry) ultimately reconciled the sexual and ideological tensions.[18]

Insbesondere auf den Stellenwert des ungleichen Liebespaares im Kinofilm geht Thomas Wartenberg in seiner Abhandlung *Unlikely Couples. Movie Romance as Social Criticism* ein.[19] Seine These, dass durch die Darstellung eines Paares, das nach gesellschaftlichen Maßstäben nicht zusammenpasst, ein Film Kritik an den sozialen Umständen übe, führt er wie folgt aus:

---

[15] Bergmann: "Frank Capra and Screwball Comedy."

[16] Cavell, Stanley: *The Pursuits of happiness. The hollywood comedy of remarriage*. Havard 1981.

[17] McDonald: *Romantic Comedy.* S. 23.

[18] Olsin Lent, Tina: "Romantic Love and Friendship: The Redefinition of Gender Relations in Screwball Comedy." In: Kristine Brunovska Karnick und Henry Jenkins (Hg.): *Classical Hollywood Comedies*. New York 1995. S. 314-331. Hier: S. 315.

[19] Wartenberg, Thomas E.: *Unlikely Couples. Movie Romance as Social Criticism*. Boulder 1999.

> This destabilization of a hierarchic framework operating at the base of our thinking and acting is one of the deepest possibilities for the unlikely couple film: It undermines our faith in our habitual modes of conceptualization.[20]

Wartenbergs Behauptung lässt eine Untersuchung des ungleichen Liebespaares in der 'Screwball Comedy' in Bezug auf soziale Konventionen, romantische Konzepte in unserer Gesellschaft und seine Wirkungsweise auf den Zuschauer vielversprechend erscheinen, da auf diese Weise verständlich wird, in welcher Form Kinofilme unser Leben und unsere Selbstwahrnehmung beeinflussen.[21]

Zu diesem Zweck muss die Forschungssituation bezüglich der Screwball-Komödie genauer beleuchtet und das Konzept des ungleichen Paares untersucht werden. Des Weiteren wird anhand des ausgewählten Filmkorpus im Verlauf der Arbeit zu untersuchen sein, ob Wartenbergs Position berechtigt ist, inwieweit sie mit der Forschungslage übereinstimmt oder ob es Ergänzungen zu seinem Standpunkt vorzunehmen gilt. Zunächst ist jedoch zu klären, was genau unter dem Begriff 'Screwball Comedy' zu verstehen ist, da in dieser Hinsicht eine Vielzahl unterschiedlicher wissenschaftlicher Haltungen existiert.

[20] Ebd. S. 14.

[21] Vgl. Wright Wexman: *Creating the Couple*. S. 5.

2. Was ist die 'Screwball Comedy'?

Selbst die Herkunft des Namen 'Screwball' ist unklar und es gibt verschiedene Annahmen bezüglich seines Entstehens. Möglich ist, dass sich die Bezeichnung für das sprunghafte und spontane Verhalten bestimmter Charaktere des Genres in Anlehnung an Sportvokabular etabliert hat: Im Baseball wird ein vom 'Pitcher' geworfener Ball, der seine Richtung auf unberechenbare Weise ändert, so dass der 'Batter' ihn nicht schlagen kann, als 'Screwball' bezeichnet.[22] Endgültig durchgesetzt hat sich der Begriff als Genretitel mit hoher Wahrscheinlichkeit durch eine Szene aus dem bereits oben erwähnten *It Happened One Night*. Auf die Frage, ob er in die junge Millionärserbin Ellie Andrews verliebt sei, antwortet der sichtlich aufgebrachte Reporter Peter Warne: "Yes, but don't hold that against me. I'm a little screwy myself." Der außergewöhnliche Erfolg von Frank Capras Komödie bei Publikum und Kritik hat seinen Teil dazu beigetragen, nicht nur die Genreformen, sondern auch die entsprechende Bezeichnung zu festigen.[23]

2.1 Eine Krise – eine Komödie

Die Entstehung des Genres selbst wird insbesondere auf die historisch-wirtschaftlichen Umstände zurückgeführt.[24] Die Weltwirtschaftskrise bedeutet für viele Amerikaner in den 30er-Jahren Armut und Hunger. Das Kino reagiert mit einer Form der Komödie, die sowohl die sozialen Umstände thematisiert, zugleich jedoch von diesen ablenkt und dem Kinogänger Zerstreuung bietet. Zwar sind die Protagonisten der 'Screwball Comedy' nicht alle wohlhabend, sondern – wie zum Beispiel Peter Warne – durchaus Gefahren wie Hunger und Arbeitslosigkeit ausgesetzt; das Umfeld, in dem die Handlung ihren Lauf nimmt, ist allerdings zumeist das der Reichen und Wohlhabenden.[25] Eine gewisse finanzielle Sorglosigkeit der Protagonisten

---

[22] Vgl. Wulff, Hans Jürgen: "Screwball Comedies: Ein enzyklopädischer Artikel." In: *Medienwissenschaft/Hamburg: Berichte und Papiere* <http://www1.uni-hamburg.de/Medien/berichte/arbeiten/0003 _03.html>. Datum des Zugriffs: 27.02.2010.

[23] Vgl. Blake, Richard A.: *Screening America. Reflection on 5 classic films*. New Jersey 1991. S. 111.

[24] Vgl. Laham, Nicholas: *Currents of Comedy on the American Screen. How Film and Television deliver different laughs for changing times*. Jefferson 2009. S. 181

[25] Vgl. Blake: *Screening America*. S. 112.

ist hinreichende Bedingung für das exzentrische Verhalten, welches zahlreiche Charaktere an den Tag legen und das diese zum Teil der Lächerlichkeit preisgibt. Die Möglichkeit, sich über das exzessive Verhalten der 'Upper-class' zu amüsieren, ist in diesem Zusammenhang ebenso wichtig wie die in Aussicht stehende Versöhnung der gesellschaftlichen Schichten miteinander. Repräsentativ dient zu diesem Zweck das im Zentrum der Handlung stehende und idealerweise aus unterschiedlichen Einkommensklassen stammende Liebespaar.[26] Andrew Bergman schreibt der 'Screwball Comedy' aus diesem Grund einen idealistischen Wert zu:

> [T]he overwhelming attractiveness of the screwball comedies involved more than the wonderful personnel. It had to do with the effort they made at reconciling the irreconcilable. They created an America of perfect unity: all classes as one, the rural-urban divide breached, love and decency and neighborliness ascendant. It was American self-portrait that proved a bonanza in the mid-thirties. [...] Their "whackiness" cemented social classes and broken marriages; personal relations were smoothed and social discontent quieted. If early thirties comedy was explosive, screwball comedy was implosive: it worked to pull things together.[27]

Ein zentrales Problem bei der Analyse der 'Screwball Comedy' besteht trotz der umfangreichen Forschungsliteratur darin, dass es bis heute keine vollkommen akzeptierte Genredefinition gibt.[28] Unter dem Begriff 'Screwball' wird häufig eine Vielzahl romantischer Komödien zusammengefasst, die teils mehr, teils weniger miteinander gemein haben. Zudem werden für dieselbe Gruppe von Filmen unterschiedliche Begriffe verwandt, die zu Unklarheit in Bezug auf die Genrezugehörigkeit einzelner Werke führen.[29]

2.2 Die 'Remarriage Comedy'

Die in Bezug auf philosophische Fragen der Komödie umfassendste Analyse des Genres legt Stanley Cavell mit *Pursuits of Happiness* vor; er betrachtet sieben Filme, die nach heutigem Ermessen alle als Screwball-Komödien gelten. Besonderes Augenmerk legt er dabei zum einen auf die Handlungsstruktur der Filme und zum anderen

---

[26] Vgl. ebd. S. 105.

[27] Bergmann: "Frank Capra and Screwball Comedy." S. 133.

[28] Vgl. Blake: *Screening America.* S. 111.

[29] Vgl. Henderson, Brian: "Romantic Comedy Today: Semi-tough or impossible?" In: Gregg Rickman (Hg.): *The Film Comedy Reader*. New York 2001. S. 310-326. Hier: S. 314.

auf die Bedeutung der Ehe. Seine Interpretation baut Cavell auf der Behauptung auf, er sei bei den von ihm behandelten Filmen auf ein neues Genre gestoßen – die "Comedy of Remarriage" –, die sich in der Tradition von Shakespeares Komödien bewege.[30] Begründet sieht er seine Vermutung im Inhalt der Filme, die entweder explizit oder symbolisch eine erneute Heirat der Protagonisten nach zwischenzeitlicher Trennung darstellten. Somit werde der Fokus des Films von der Frage, ob ein Paar zusammenkommt, zu der Frage, ob die Ehepartner auch tatsächlich zusammenbleiben, verschoben. Problematisch ist, dass Cavell offensichtlich ein zentrales narratives Motiv einzelner 'Screwball Comedies' – nämlich die erneute Heirat zweier eigentlich getrennt lebender Partner – als konstitutiv für sein "neues" Genre erachtet.[31] Darüber hinaus ist seine Filmauswahl sehr begrenzt, subjektiv und kaum repräsentativ für die Filmlandschaft der 30er- und 40er-Jahre:

> [E]ach of the seven films Cavell discusses would have been identified by Hollywood as members of the genre "screwball comedy" – i.e., as being similar kinds of products. While virtually all screwball comedies are romances that end in marriage, many cannot be called comedies of remarriage. On the other hand, Cavell's comedies share the romance that characterizes other screwball comedies. This suggests that the comedy of remarriage is best considered a special case of Hollywood romance, one that applies that same set of assumptions to a new situation.[32]

Außerdem handeln nur zwei der von Cavell ausgewählten Filme tatsächlich von einer erneuten Heirat.[33] Der Filmkorpus bietet folglich kein stabiles Fundament für Genre-Spekulationen.

Cavells Verdienst ist – auch wenn seine Behauptungen in Bezug auf das Genre der 'Remarriage Comedy' mit Abstand betrachtet werden müssen – eine Aufwertung und Verteidigung der Filme in Bezug auf ihren philosophischen Wert:

> Philosophers will naturally assume that it is one thing, and quite clear how, to let a philosophical work teach you how to consider it, and another thing, and quite obscure how or why, to let a film teach you this. I believe these are not such different things.[34]

---

[30] Vgl. Cavell: *The Pursuits of happiness.* S. 19.

[31] Vgl. zum Begriff des Motivs auch Borstnar, Nils u.a.: *Einführung in die Film und Fernsehwissenschaft.* Konstanz[2] 2008. S. 99.

[32] Shumway, David R.: "Screwball Comedies: Constructing Romance, Mystifying Marriage." In: Barry Keith Grant (Hg.): *Film Genre Reader II.* Austin 1995. S. 381-401. Hier. S. 383.

[33] Vgl. ebd.

Aus Gründen der Vollständigkeit und zu Cavells Schutz müssen Charles Mussers Ausführung über die 'Remarriage Comedy' erwähnt werden, die belegen, dass die in *Pursuits of Happiness* aufgestellten Behauptungen nicht falsch, sondern nur filmhistorisch unpräzise sind. Ihm zufolge besteht der wesentliche Fehler Cavells – von seiner subjektiven Filmauswahl abgesehen – darin, die Ära der Remarriage-Filme zu spät angesetzt zu haben.[35] Musser sieht in der 'Screwball Comedy' der 30er-Jahre eine strukturelle und thematische Fortsetzung der Stummfilmkomödien Cecil DeMilles.[36]

Nichtsdestotrotz erscheint es in Bezug auf die hier besprochenen Filmkomödien sinnvoll, den Begriff 'Screwball' anstatt 'Remarriage' zu verwenden. Der Fortbestand eines einzelnen narrativen Motivs über ein historisches Ereignis wie die Entwicklung des Tonfilms hinaus rechtfertigt nicht, inhaltliche und formale Neuentwicklungen und Modifizierungen innerhalb eines Genres – in diesem Fall der Filmkomödie – außer Acht zu lassen. Wie zu erläutern sein wird, sind insbesondere die Veränderungen auf der Dialog- und somit auf der Tonebene von entscheidender Bedeutung für die 'Screwball Comedy' und rechtfertigen die Verwendung einer neuen Bezeichnung.

2.3 'Romantic Comedy'

Dennoch bleibt die Frage, ob es sich bei der Screwball-Komödie um ein selbstständiges Genre handelt oder welcher andere Stellenwert den unter dieser Bezeichnung zusammengefassten Filmen beizumessen ist. Tamar Jeffers McDonald sieht in der 'Screwball Comedy' ein Subgenre der romantischen Komödie, das insbesondere in den 30er- und 40er-Jahren präsent ist und schließlich in seiner Dominanz durch die prüden "Sex Comedies" abgelöst wird. Das Genre der "Romcom" definiert McDonald zu diesem Zweck wie folgt: "[A] romantic comedy is a film which has as its central motor a quest for love, which portrays this quest in a light-hearted way and almost always to a successful conclusion."[37] Auf der Basis dieser Prämisse unterteilt sie die

---

34 Cavell: *The Pursuits of happiness.* S. 10-11.

35 Vgl. Musser, Charles: "Divorce, DeMille and the Comedy of Remarriage." In: Kristine Brunovska Karnick und Henry Jenkins (Hg.): *Classical Hollywood Comedies.* New York 1995. S. 282-313. Hier: S. 284.

36 Vgl. ebd. S. 308

37 McDonald: *Romantic Comedy.* S. 9.

'Romantic Comedy' in 'Screwball Comedy', 'Sex Comedy', 'Radical Romantic Comedy' und 'Neo-Traditional Romantic Comedy'. McDonald nimmt auf diese Weise klare Abgrenzungen vor, die allerdings nicht unproblematisch sind: Durch die chronologische Ordnung ist sie dazu genötigt, Filme, die strukturell anderen Subgenres angehören könnten, stets der von ihr als vorherrschend gesetzten Ausprägung zuzuordnen. Ein Beispiel hierfür ist ihr Umgang mit P.J. Hogans Komödie *My Best Friends Wedding*, ein Film, der als 'Screwball Comedy' aufgefasst werden kann, einzelne für diese typischen Handlungselemente jedoch variiert.[38] McDonald zufolge handelt es sich aufgrund eben dieses Spiels mit den Genre-Regeln und des neueren Entstehungsdatums nicht mehr um eine 'Screwball', sondern eine 'Radical Romantic Comedy'.[39] Ihr Vorgehen ist bedenklich, da diese kompromisslose Unterteilung keine Möglichkeit bietet, adäquat auf bewusste, spielerische Verstöße gegen Genre-Normen einzugehen, und sich die strikte Aufteilung somit gegenüber zeitlich bedingten Strukturveränderungen innerhalb der einzelnen Komödienarten verschließt.

2.4 'Romantic' vs. 'Screwball'

Im Gegensatz zu McDonalds Einordnung der Screwballfilme unter das Genre der 'Romantic Comedy' steht Wes Gehrings Analyse beider Gruppen. Er erkennt in den Filmformen zwei unterschiedliche Genrearten. Der Titel seiner Abhandlung *Romantic vs. Screwball Comedy* verdeutlicht bereits seine Fokussierung auf die Gegensätze der beiden Filmgruppen, die ihm zufolge eine kategorische Abgrenzung zwischen 'Screwball' und romantischer Komödie rechtfertigen.[40]

Während McDonald sämtliche Komödien, deren Kern eine amouröse Beziehung bildet, unter dem Oberbegriff der romantischen Komödie vereint und im nächsten Schritt diese Filme syntagmatisch voneinander unterscheidet, grenzt Gehring die romantische Komödie strikt von der 'Screwball Comedy' ab. Zentraler Unterschied zwischen beiden Ansätzen ist die Positionierung der 'Screwball' im Verhältnis zu anderen Liebeskomödien, welche aus den verschiedenen Perspektiven, unter denen Gehring und McDonald den Gegenstand ihrer Forschung betrachten, resultiert. So

---

[38] Vgl. Gehring, Wes D.: *Romantic vs. Screwball Comedy. Charting the Difference*. Lanham 2002. S. 159.

[39] Vgl. McDonald: *Romantic Comedy*. S. 81.

[40] Vgl. Gehring: *Romantic vs. Screwball Comedy*.

analysiert McDonald das Genre der 'Romantic Comedy' chronologisch und muss zwangsläufig eine zeitlich bedingte Unterscheidung vornehmen. Gehring hingegen geht zwar auf die Entstehungsumstände der Screwball-Komödie ein, nimmt aber keine historische Genredefinition vor. Seiner Auffassung nach schließt die 'Screwball Comedy' sowohl Filme der 30er- als auch beispielsweise der 90er-Jahre ein.[41] Die Entstehungszeit eines Films spielt für ihn im Gegensatz zum Tonfall des Films im Umgang mit dem Thema der Liebe nur eine untergeordnete Rolle.[42]

Welcher Ansatz eher Anspruch auf Gültigkeit besitzt, ist schwer zu beurteilen, denn viel hängt zum einen davon ab, wie fein die Unterscheidungen zwischen den einzelnen Filmgruppen vorgenommen werden und zum anderen davon, unter welchen Aspekten ein Genre genau zu definieren sei, was an dieser Stelle aus Platzgründen nicht zur Genüge geklärt werden kann. Ebenso wenig lässt sich erörtern, wie der Hybridstatus einzelner Film-Formen, die zum Beispiel Elemente aus Komödie und Romanze oder Musical und Western kombinieren, zu bewerten ist.[43] Im Folgenden wird in Anlehnung an den Standpunkt von Wes Gehring oder auch an den David Shumways die 'Screwball Comedy' als eigenständiges Genre betrachtet. Obige Erläuterungen sollen dabei jedoch verdeutlichen, dass es sich hierbei um eine durchaus diskussionswürdige Entscheidung handelt, die aufgrund der allgemeinen Tendenz in der Forschung getroffen wird. Unklarheiten, die der Begriff des Genres mit sich bringt, müssten ausgeräumt werden, damit es zu einer zweifelsfreien Bestimmung kommen kann. Bei der momentanen Forschungslage ist jede Entscheidung in Hinblick auf den Gattungsstatus der Screwball-Komödie durch das Ziel der Analyse bedingt. Darüber hinaus muss berücksichtigt werden, dass Genredefinitionen immer auf einer Art Einverständnis zwischen Filmproduzent und -publikum beruhen und somit die Wahrnehmung einer einzelnen Filmsparte als Genre einem ebensolchen zeitlichen Wandel unterliegt, wie die sich verändernde Wahrnehmung der Rezipien-

[41] Vgl. Gehring: *Romantic vs. Screwball Comedy.* S. 23-26.

[42] Vgl. ebd. S. 1-3.

[43] Vgl. Neale, Steve: "Questions of Genre." In: Barry Keith Grant (Hg.): *Film Genre Reader II.* Austin 1995. S. 159-183. Hier: S. 171.

ten.[44] Die Screwball-Komödie kann folglich in den 50er-Jahren noch als Genre wahrgenommen worden, heute dem Publikum aber weitestgehend unbekannt und höchstens einer Gruppe eingeweihter Kinogänger als Unterart der romantischen Komödie vertraut sein.

2.5 Das Screwball-Universum

Im Zentrum der 'Screwball' steht für gewöhnlich ein heterosexuelles Paar oder vielmehr der Entstehungsprozess einer solchen romantischen Beziehung. Dominant ist dabei – und dies grenzt die 'Screwball Comedy' deutlich von anderen romantischen Filmen ab – der spielerische Charakter der Paarbildung:

> [C]onsistent with farce's anything goes atmosphere, screwball comedy spoofs the romantic process; love comes across as hardly more significant than a board game. The dominating screwball heroine is often assisted by the fact that only she knows a courtship is occurring [...]. More often than not, the screwball comedy male must suffer through a ritualistic humiliation at the hands of the zany heroine and/or the plot itself.[45]

In dieser Konstruktion ist folglich ein Triumph der Protagonistin angelegt; oft verführt und formt sie den Mann. Mit diesem Vorgang geht meist die Befreiung des Mannes aus einer als unterdrückend empfundenen Beziehung einher.[46]
Dieser Verlauf der Filme ist typisch; für die Unterhaltung der Zuschauer entscheidend ist weniger eine überraschende Handlung als vielmehr die Vielzahl verschrobener Charaktere, deren schräges Verhalten dem Publikum Vergnügen bereitet.[47] Die erzählte Filmwelt scheint aufgrund der Exzentrizität aller Charaktere keinen logischen Regeln zu unterliegen. Die Heldin ist dabei besser auf diese Welt vorbereitet als der Mann, da sie ebenso unlogisch auf ihre Umwelt zu reagieren vermag, wie diese ihr entgegentritt.[48] Der männliche Protagonist hingegen ist für diese Welt nicht präpariert. Tritt er aus seinem gewohnten Umfeld heraus, sieht er sich mit Umständen konfrontiert, derer er nicht Herr werden kann. Voraussetzung für eine

---

[44] Vgl. Borstnar: *Einführung in die Film und Fernsehwissenschaft*. S. 66. Oder auch Neale: "Questions of Genre." S. 170. Oder: Altman, Rick: "A Semantic/syntactic Approach to Film Genre." In: Barry Keith Grant (Hg.): *Film Genre Reader II*. Austin 1995. S. 26-40. Hier: S. 29

[45] Gehring: *Romantic vs. Screwball Comedy*. S. 2.

[46] Vgl. ebd. S. 3.

[47] Vgl. Blake: *Screening America*. S. 113.

[48] Vgl. Gehring: *Romantic vs. Screwball Comedy*. S. 49.

solche Inszenierung ist üblicherweise eine entsprechende Charakterisierung des Helden über seinen Berufsstand. Häufig sind Akademiker oder hochspezialisierte Fachleute die Hauptfiguren in der 'Screwball Comedy'. Sie sind Koryphäen auf ihren Gebieten, aber nur auf diesen. Mit der Außenwelt konfrontiert werden sie wieder zu bockigen Kindern, die lernen müssen mit ihrer Umwelt umzugehen. Dieser Prozess wird von den Filmen als eine Form von äußerer Demontage gezeigt, die der Zuschauer als lustvoll und komisch erlebt.[49] Teil dieses Vorgangs sind zahlreiche Slapstickeinlagen des Protagonisten,[50] die visuell die Disharmonie des Mannes mit der ihm fremden Welt untermauern.

Zentrales Handlungselement ist insbesondere der Streit zwischen dem im Entstehen begriffenen Liebespaar; er ist zunächst die einzig zulässige Kommunikationsform. Während sich in vielen romantischen Filmen die erotischen Partner zu einem bestimmten Zeitpunkt der Handlung gegenseitig um Liebe und Zuneigung geradezu anflehen, stoßen die Protagonisten in der 'Screwball' ihr Gegenüber immer wieder verbal von sich weg und bekämpfen es geradezu.[51] Der Streit ist dabei eine lustvolle Form der Kommunikation, die nicht nur dazu dient, ideologische Differenzen zu thematisieren, sondern darüber hinaus als Sublimierung eines sexuellen Vorspiels zu verstehen ist.[52]

Nicht nur aus diesem Grund ist die Tonspur von großer Bedeutung für das Entstehen der 'Screwball Comedy'. Die Möglichkeit verbalen Humors wirkt sich sowohl auf die Dialogtechnik als auch auf das Milieu der Komödien aus:

> Howard Hawks even developed the technique of overlapping dialogue in which one character begins a rejoinder before the provoking gag line was finished. The need for articulate, wise-cracking characters led many writers to set their Screwball Comedies in newspaper offices, where the heroes or heroines look over their typewriters to zing their colleagues, or rush out of the press room to cover the latest follies of the rich.[53]

---

[49] Vgl. ebd. S. 57.

[50] Vgl. ebd. S. 56.

[51] Vgl. auch Neale und Krutnik: *Popular Film and Television Comedy*. S. 151.

[52] Vgl. hierzu auch Olsin Lent: "Romantic Love and Friendship." S. 330.

[53] Blake: *Screening America*. S. 112-113

Auch wenn diese Merkmale ebenfalls in anderen Genres zu beobachten sind, kommen sie in so hoher Konzentration nur in der Screwball-Komödie vor.[54] Die modernen Formen der 'Screwball' sind dabei ebenso für neue Elemente offen, wie auch abgenutzte klassische Motive mit der Zeit wegfallen können.[55]

2.6 Intertextualität

Noch heute folgt aus der absurden Zeichnung der Screwball-Welt eine satirische Tendenz des Genres, die noch weiter durch die intertextuellen Bezüge der Filme untereinander und auf andere Formen verstärkt wird.[56] Zentrales Element dieses Spiels ist das so genannte 'Spoofing'. Es handelt sich dabei um Scherze für Eingeweihte, Rekurrenzen auf die außerfilmische Realität oder Querverweise auf andere Filme. Zum Verständnis der Handlung trägt dieses Element nicht bei, vielmehr handelt es sich um ein zusätzliches Vergnügen, das dem Cineasten, der den 'Spoof' bemerkt, einen weiteren Genuss verschafft.[57] Zu unterscheiden ist dieser harmlose Spaß von den satirischen Elementen der 'Screwball':

> Screwball films, however, frequently trade moments of parody for lengthier patches of biting satire. Indeed, the genre sometimes has a satirical component that stretches the entire length of the individual film. Unlike the affectionate form of parody, satire is a more darkly comic corrective, lampooning what is meant to be perceived as negative behavior and/or a reproachable institution.[58]

Trotz der Distanz zwischen Realität und Diegese beziehen die Komödien somit deutlich Stellung gegenüber Sachverhalten außerhalb der erzählten Welt.

---

[54] Vgl. Gehring: *Romantic vs. Screwball Comedy*. S. 64.

[55] Vgl. ebd. S. 145.

[56] Vgl. die Ausführungen zur Selbstreflexivität in der Komödie in: Neale und Krutnik: *Popular Film and Television Comedy*. S. 149.

[57] Vgl. Gehring: *Romantic vs. Screwball Comedy*. S. 60-62.

[58] Ebd. S. 63.

3. Das ungleiche Liebespaar

Ein wesentliches Motiv der 'Screwball' hierfür stellt Thomas Wartenberg zufolge das unwahrscheinliche oder ungleiche Liebespaar dar. In seiner Analyse verschiedener amerikanischer und internationaler Spielfilme kommt er zu dem Ergebnis, dass der "Unlikely Couple Film" ein selbstständiges Genre darstelle, dessen konstituierende Filme Kritik an den außerfilmischen sozialen Umständen übten:

> Rejecting the individualism of the modern Western philosophic tradition – where all "action" takes place in isolated reflection in the thinker's study and not in, for example, families or the workplace – the unlikely couple film celebrates the possibilities for accelerated self-development offered by romantic love. The partners in these films draw on the acknowledgment and support their unlikely unions provide to meet the challenges that threaten further growth and self-understanding.[59]

Wartenberg geht es um Paare, von denen der Zuschauer weiß, dass ihr Bestand innerhalb der Gesellschaft, die der Film darstellt, unwahrscheinlich bis unmöglich ist. Die Vorurteile oder Konventionen, die dem Paarbildungsprozess und dem dauerhaften Bestand einer romantischen Beziehung gegenüberstehen, sind eigentlich zu groß, als dass ein Happyend für das Liebespaar wahrscheinlich erscheint. Ungleich sind seiner Analyse zufolge Paare, wenn die Verliebten sich in mindestens einer entscheidenden gesellschaftlichen Kategorie voneinander unterscheiden. Wartenberg konzentriert sich insbesondere auf "transgressive [couples]"[60], deren Differenz er in sozialer Klasse, ethnischer Abstammung oder sexueller Orientierung erkennt.[61]

3.1 Soziale und romantische Perspektive

Wesentlicher Bestandteil seiner Analyse ist die Aufsplittung der menschlichen Wahrnehmung: Wartenberg zufolge setzt der Zuschauer im Kino oder vor dem Fernseher zeitgleich unterschiedliche Maßstäbe bei der Bewertung des Geschehens an. Bedingt sei diese innere Zerrissenheit des Publikums durch das Vorhandensein einer sozialen und einer romantischen Perspektive:

---

[59] Wartenberg: *Unlikely Couples.* S. 234-235.

[60] Ebd. S. 7

[61] Vgl. ebd. S. 15.

> From one point of view, which I shall call the *social perspective*, an unlikely couple is inappropriate because its composition violates a social norm regulating romance [...]. The contrasting point of view, which might be called the *romantic perspective* [...] deems the transgressive couple appropriate – *likely*, I shall say – setting the love the two partners share above the conventions it violates.[62]

Der Zuschauer befinde sich somit in einem andauernden Prozess der Evaluation in Bezug auf seine Bewertung der Filmhandlung. Die unterschiedlichen Perspektiven würden immer wieder gegeneinander abgewogen und jedes Verhalten der Protagonisten unter sozialer und romantischer Betrachtung neu bewertet. Dem Film ist es durch die Instrumentalisierung dieses Vorganges möglich, eine soziale Kritik zu formulieren, da die natürliche romantische Perspektive stets emotional durch den Zuschauer der sozialen vorgezogen werde.[63] Entscheidend für die Wartenbergs Ansicht nach formulierte Kritik innerhalb dieser Gruppe von Filmen ist die Sympathie, die das Publikum durch das Missverhältnis zwischen romantischer und sozialer Perspektive bedingt dem ungleichen Liebespaar entgegenbringe.[64]

3.2 Kritik an Wartenberg

Allerdings geht Thomas Wartenberg bei seiner Definition des "Unlikely Couple Films" unsauber vor. Zum einen ist seine Filmauswahl subjektiv beziehungsweise beliebig und aus diesem Grund nicht geeignet, um als Genrekorpus zu dienen.[65] Darüber hinaus begeht er denselben Fehler wie Stanley Cavell, indem er ein Motiv der filmischen Erzählung – in diesem Fall ein ungleiches Liebespaar – gleichsetzt mit einer Vielzahl konträrer genrekonstitutiver Merkmale. Die Filme, mit denen Wartenberg sich beschäftigt, sind tatsächlich Screwball-Komödien, Liebesfilme, Tragödien oder auch Thriller. Seine Idee, all diese Filme unter dem Genre des 'Unlikely Couple Films' zu vereinen, sorgt weniger für eine klare Gliederung, sondern vielmehr für Verwirrung, da auf diese Weise beim Publikum keine Erwartungshaltung im oben dargestellten Sinne der Genrebildung geformt wird.

---

[62] Vgl. ebd. S. 2.

[63] Vgl. ebd. S. 3.

[64] Vgl. ebd. S. 5.

[65] Vgl. ebd. S. 15.

Außerdem geht Wartenberg davon aus, dass unweigerlich jeder Film, der mit der Darstellung eines 'unlikely couples' keine Gesellschaftskritik formuliert, in seiner künstlerischen Absicht misslungen sein muss. Er bezieht sich damit insbesondere auf solche Filme, in deren Handlungsverlauf aufgrund verschiedener Umstände das ungleiche Liebespaar scheitert: "Simply providing an ending that supposedly allows the audience to leave the theatre with their fantasies fulfilled is an aesthetic as well as an ethical laps."[66] Ihm entgeht dabei, dass es durchaus die Absicht des Regisseurs oder vielmehr des Films sein kann, eine eher konservative Haltung zu gesellschaftlichen Umständen und den Konventionen der Paarbildung zu beziehen. Der von ihm auf diese Weise vertretene preskriptive Ansatz zwingt ihn zu einer Art moralischer oder sogar qualitativer Wertung der Filme nach den von ihm zuvor aufgestellten Genreprinzipien. Da es sich jedoch beim 'Unlikely Couple Film' wie dargestellt keinesfalls um ein wohlgeformtes Genre handelt, lässt sich nur schwer ein entsprechender Bewertungsmaßstab finden oder vielmehr erfinden. Wartenberg lässt bei der Analyse seines Filmkorpus' somit konservative zugunsten progressiver Tendenzen außer Acht.

Den hier angesprochenen Ungenauigkeiten zum Trotz sind die Impulse seiner Interpretation des ungleichen Liebespaares als zentrales Filmmotiv für die Analyse der 'Screwball Comedy' von großer Bedeutung. Jedoch werden seine Erkenntnisse anhand der hier ausgewählten Filme zu überprüfen und gegebenenfalls zu ergänzen sein.

3.3 Das Filmkorpus

Zu diesem Zweck bietet sich an erster Stelle *It Happened One Night* (1934) an, da sich Wartenberg intensiv mit Frank Capras Film als repräsentativer Komödie der Screwball-Ära auseinandersetzt und seine Theorien anhand dieses Beispiels bestätigt sieht. Des Weiteren sind Howard Hawks' *Bringing Up Baby* (1938) und Peter Bogdanovichs *What's Up, Doc?* (1972) für die Analyse geeignet, da sie nachhaltig den Tonfall zahlreicher später entstehender Komödien prägen.[67] Die Verwendung von

---

66 Vgl. ebd. S. 42.

67 Vgl. Olsin Lent: "Romantic Love and Friendship." S. 324. Und vgl. McDonald: *Romantic Comedy.* S. 35-36.

Screwball-Elementen in moderneren Filmen, die sich mit neuen Themenkomplexen auseinandersetzen, ist in Susan Seidelmans *Desperately Seeking Susan* (1985) und Jonathan Demmes *Something Wild* (1986) zu beobachten; beide Filme repräsentieren prototypisch neue Tendenzen in der 'Screwball' der 80er-Jahre.[68] All diesen Filmen gemein ist die narrative Ausrichtung auf das Entstehen eines in verschiedenen Aspekten ungleichen Liebespaares unter Befolgung typischer Screwball-Handlungsmuster. Auf Abweichungen von diesen Schemata, die insbesondere bei den Werken neueren Datums auffällig sind, wird beizeiten einzugehen sein.

Das Filmkorpus ist selektiv nach dem Grad an Aufmerksamkeit, den die betreffenden Filme in der Forschungsliteratur erhalten haben, und der Rolle, welche sie im wissenschaftlichen Diskurs spielen, zusammengestellt. Es wäre möglich auf weitere Komödien einzugehen, allerdings macht der Umfang dieser Analyse eine Eingrenzung notwendig. Neuere Tendenzen und Komödien werden aus Gründen der Vollständigkeit in einem kurzen Exkurs zu erwähnen sein; der Fokus liegt jedoch auf obigen fünf Filmen, die zwar bei weitem nicht die einzig mögliche Auswahl darstellen, aber das Spektrum der 'Screwball Comedy' bestmöglich abdecken.

---

[68] Vgl. Beach, Christopher: *Class, Language, and American Film Comedy*. Cambridge 2002. S. 182-183.

4. Klassenkampf und Vorurteile: *It Happened One Night*

Nicht nur wegen seines Erfolges beim Publikum, sondern auch aufgrund der Aufmerksamkeit, die ihm von Seiten der Kritiker geschenkt wird, ist Frank Capras *It Happened One Night* von großer Bedeutung für das Genre der 'Screwball'. Bereits vor Thomas Wartenberg haben sich andere intensiv mit den sozialen Unterschieden zwischen den beiden Protagonisten des Films auseinandergesetzt. Wartenbergs Erkenntnisse in Bezug auf das ungleiche Liebespaar in der 'Screwball Comedy' stimmen zum Großteil mit Andrew Bergmanns Interpretation von Frank Capras Komödien-Klassiker überein. Dieser erkennt in der unterschiedlichen Klassenzugehörigkeit der romantischen Partner ein zentrales Motiv der 'Screwball',[69] und tatsächlich betont Capras Film dieses Element explizit von Anfang an.

4.1 Falscher König und goldener Käfig

Bereits die ersten Szenen des Filmklassikers führen die beiden Protagonisten als Charaktere ein, die aus völlig gegensätzlichen sozialen Räumen stammen. Während Ellie Andrews von ihrem Vater wie ein Vogel im Goldkäfig gehalten wird, lebt Peter Warne in Freiheit, aber zugleich auch in finanzieller Unsicherheit. Der Millionärserbin mangelt es an nichts außer an Autonomie, der mittellose Reporter hingegen könnte tun und lassen, was er will, wenn er das nötige Kleingeld dazu besäße. Bezeichnend ist die Einführung Peters inmitten der anderen Reporter, die ihn bei einem Telefonat mit seinem Verleger belauschen. Sein Aufbegehren gegen den eigenen Arbeitgeber macht ihn zu einem Helden für die anderen Schreiber. "This is history in the making,"[70] wie ein beistehender Journalist zum anderen sagt. Allerdings wissen die Umstehenden nicht, dass der betrunkene Peter im Verlauf des Gesprächs von seinem Boss gefeuert wird und dieser das Gespräch bereits beendet hat. Der nunmehr arbeitslose Peter spielt seine Rolle jedoch weiter und bietet seinen umstehenden Kollegen das erwünschte Spektakel: "I wouldn't go back to work for you, if you begged me on your hands and knees and I hope this'll be a lesson to

---

[69] Vgl. Bergmann: "Frank Capra and Screwball Comedy, 1931-1941." S. 137-138.

[70] *It Happened One Night*. 00.04.32.

you!"[71] Demonstrativ sagt sich Peter in dieser Szene zumindest in den Augen der anderen Reporter von der wirtschaftlich auferlegten Unterdrückung durch seinen Arbeitgeber los. Die Journalisten feiern ihren König, der sich symbolisch für alle von ihnen von den Fesseln der Ausbeutung befreit hat, und eskortieren ihn euphorisch zum Überlandbus: "Make way for the king!"[72]

Der ironische Unterton der Szenerie liegt in dem Mehrwissen des Zuschauers begründet. Wir wissen, dass Peter sich nur so inszenieren kann, weil er bereits nichts mehr zu verlieren hat. Er mag zwar unabhängig scheinen, ist es jedoch nur, weil er bereits keine Arbeit mehr hat. Seine Freiheit und seinen "Königstitel" muss Peter Warne unfreiwillig mit in der Folge zu Tage tretender Geldknappheit und genereller Mittellosigkeit bezahlen.

Ellie Andrews entscheidet sich hingegen mit voller Absicht, jedoch nicht in vollem Bewusstsein der Tragweite ihres Vorgehens gegen ihren Stand und für die individuelle Freiheit. Mit ihrem Sprung von Bord der Jacht ihres Vaters entkommt sie zwar der elterlichen Bevormundung, jedoch ist sie sich, wie später offensichtlich wird, kaum der Konsequenzen ihres Handelns bewusst. Sie musste nie mit wenig Geld auskommen oder Hunger leiden. Ihr Gefängnis – eine luxuriöse Kabine auf der väterlichen Jacht – bietet allen denkbaren körperlichen Komfort aber keine Entscheidungsfreiheit, wie Ellies Konflikt mit ihrem Vater wegen ihrer Hochzeit mit dem Playboy King Westley zeigt:

Mr. Andrews:	He's a fake Ellie.
Ellie:	He is one of the best flyers in the country.
Mr. Andrews:	He is no good and you know it. You only married him because I told you not to.
Ellie:	You have been telling me what not to do since I can remember.[73]

Trotz ihres finanziellen Wohlstandes ist Ellie ebenso abhängig wie Peter. Das Vermögen ihrer Familie sichert sie zwar sozial ab, schnürt sie aber zugleich emotional ein. Der Film setzt zu diesem Zeitpunkt finanzielle Unabhängigkeit gleich mit emotionaler Autonomie. Unabhängig von der erstrebten Art von Freiheit, besitzen somit

[71] Ebd. 00.05.32.-00.05.35.

[72] Ebd. 00.06.02.

[73] Ebd. 00.02.26-00.02.35.

beide Hauptfiguren dasselbe Ziel. Diese Parallelisierung der Protagonisten wird noch dadurch unterstrichen, dass Ellie und ihr Vater ebenso durch ihre Bediensteten belauscht werden wie Peter und sein Verleger durch die anderen Reporter. Des Weiteren stellen Ellies Flucht aus ihrem Palast und Peters "karnevalistische"[74] Krönung eine symbolische Bewegung der Protagonisten aufeinander zu dar. Dem Publikum ist bereits zu diesem Zeitpunkt nicht nur aufgrund der Filmstruktur klar, dass beide Charaktere allen Gegensätzen zum Trotz füreinander bestimmt zu sein scheinen: "These two could hardly be less suited to one another – although, of course, from the titles on, everyone in the theater knows better."[75]

4.2 Geld und Demut

Dass das erste Aufeinandertreffen im Nachtbus unmittelbar zum Ausbruch eines Streits führt, ist dennoch keine Überraschung, sondern liegt in der unterschiedlichen sozialen Herkunft der Protagonisten begründet. Während Peter Ellie von Anfang an für ein verzogenes Mädchen hält, erscheint ihr Peter mit seiner groben Art als unerzogener Chauvinist. Selbst wenn Peter nicht als klassischer Vertreter der Arbeiterschicht verstanden werden kann, da die Situation von Zeitungsreportern in den USA der 1930er Jahre besser als die der eigentlichen Arbeiterklasse ist, bleibt es auch in der Folge notwendig, beide Charaktere stets als Repräsentanten antagonistischer sozialer Klassen zu verstehen,[76] denn Capras Film nutzt Peter Warne explizit als Verkörperung der breiten amerikanischen Öffentlichkeit gegenüber der Oberschicht:

> Although the film acknowledges that the rich constitute a class apart, it treats all the rest as simply members of an amorphous "American people." As a result, Peter cannot be identified as a worker in the Marxian sense; he is instead an everyman, that contentless abstraction that in American eyes brings together all but the very wealthiest. Despite the ambiguities of Peter's class position, however, there is a vast gulf between his status and Ellie's.[77]

---

[74] Bachtin, Michail: Literatur und Karneval. Zur Romantheorie und Lachkultur. München 1969. S. 50.

[75] Wartenberg: *Unlikely Couples*. S. 49.

[76] Vgl. Blake: *Screening America*. S. 117.

[77] Wartenberg: *Unlikely Couples*. S. 50.

Tatsächlich scheint die Kluft zwischen Peters und Ellies Welten enorm zu sein und die Vorstellungen beider Protagonisten vom jeweils anderen sind nicht nur von Vorurteilen, sondern darüber hinaus auch von der Unfähigkeit, den richtigen Umgang mit dem Gegenüber zu finden, bestimmt. Als Peter, der sich Ellie gegenüber bereits mehrfach freundlich, wenn auch ruppig verhalten hat, ihr offenbart, dass er sie erkannt hat und um die Flucht der jungen Dame vor ihrem Vater weiß, versucht sie ihn zu bestechen, um sich seiner Diskretion zu vergewissern. Peter, der keine erpresserischen Absichten hat, fühlt sich in seinem Selbstverständnis als ehrlicher bodenständiger Amerikaner – in seiner "nobility of the workers"[78] – missverstanden und ist tief in seinem Stolz verletzt:

> Never mind. You know I had you pegged right from the jump. Just a spoiled brat of a rich father. The only way you get anything is to buy it, isn't it. You're in a jam and all you can think of is your money. It never fails, does it? Ever hear of the word "humility"? No you wouldn't. I guess it never occurred to you to just say: "Please, Mister, I'm in trouble. Will you help me?" No, that'd bring you down off your high horse for a minute. But let me tell you something. Maybe it will take a load off your mind. You don't have to worry about me. I'm not interested in your money or your problem. You, King Westley, your father, you're all a lot of hooey to me.[79]

Auch wenn universell gültige Werte wie Bescheidenheit, für die Peter einzustehen glaubt, sich nicht mit Geld erkaufen lassen, sondern erlernt werden müssen, offenbart sich an dem Reporter hier eine ebensolche Voreingenommenheit seiner Reisepartnerin gegenüber, wie zuvor noch bei Ellie. Die Lektion in Demut, in welcher der Film seine Protagonisten unterweist, wird aus diesem Grund nicht nur der Millionärserbin zuteil, sondern ebenfalls dem von sich selbst eingenommenen Peter Warne: Als die beiden zu einem späteren Zeitpunkt versuchen, per Anhalter von einem Autofahrer mitgenommen zu werden, spielt dieser sich zum wiederholten Mal als Spezialist auf und versucht, Ellie mit seinem Wissen über die alltäglichen Dinge des Lebens zu imponieren.[80] Als jedoch auf seine verschiedenen Daumentechniken kein Fahrer reagiert, unternimmt Ellie einen Versuch und übertrumpft den Macho mit den Reizen einer Frau, indem sie ihren Rock lüpft und dem nächsten Autofahrer ihr

---

78 Blake: *Screening America.* S. 118.

79 *It Happened One Night.* 00.16.52-00.17.24.

80 Vgl. auch Wartenberg: *Unlikely Couples.* S. 56.

Bein präsentiert – eine Situation, in der die Klassenunterschiede zwischen den beide vollends verschwinden.[81] In der nächsten Szene sitzen die Anhalter nebeneinander auf der Rückbank jenes Autos und Ellie genießt ihren Triumph über die männlichen Vorurteile Peters, denen zufolge sie ohne seine Hilfe gänzlich lebensunfähig sei, während ihr Begleiter sichtlich Probleme hat, mit seiner Lektion in Demut umzugehen:

Ellie:	Aren't you going to give me a little credit?
Peter:	What for?
Ellie:	Well I proved once and for all that the limb is mightier than the thumb.
Peter:	Why didn't you take off all your clothes. You could have stopped 40 cars.
Ellie:	Oh, I will remember that when we need 40 cars.[82]

Zwischen den Protagonisten stehen nicht nur ihre unterschiedliche Klassenzugehörigkeit, sondern darüber hinaus ihr genderspezifisches Selbstverständnis.[83] Nichtsdestotrotz scheinen die Differenzen, die Ellie und Peter voneinander trennen, immer wieder durch ihre Herkunft bedingt.

4.3 Die Mauern von Jericho

Für diese Klassengrenze findet *It Happened One Night* ein Bild, das Filmgeschichte geschrieben hat: die "Walls of Jericho".[84] Als Ellie und Peter sich auf ihrer nunmehr gemeinsamen Flucht ein Motelzimmer teilen, spannt Peter in der Mitte des Raums eine Wäscheleine, über welche er eine Decke als Sichtschutz hängt. Diese Vorkehrung soll den beiden nicht nur ein gewisses Maß an Privatsphäre ermöglichen, sondern insbesondere Ellies Ehrbarkeit erhalten. Die eigentlich leicht zu überwindenden Mauern von Jericho trennen in erster Linie folglich die Geschlechter voneinander, jedoch erhält Peters Konstruktion zugleich eine klassenpolitische Konnotation, die dem Paar durchaus bewusst zu sein scheint:

---

[81] Vgl. Bergmann: "Frank Capra and Screwball Comedy." S. 137.

[82] *It Happened One Night*. 01.01.55-01.02.23.

[83] Vgl. Wartenberg: *Unlikely Couples*. S. 57.

[84] *It Happened One Night*. 00.26.32.

> Of course it is easy to pull it down if you do not know what it is, or care. So an early requirement for its correct tumbling is that the pair come to share a fantasy of what is holding it up.[85]

Die Mauern von Jericho sind Symbol für all das, was Ellie und Peter voneinander trennt, zur selben Zeit jedoch auch eine gemeinsame Gewohnheit des Paares, die es von Außenstehenden unterscheidet.[86] Niemand außer dem Paar weiß, was die "walls of jericho" tatsächlich sind: Die Mauer schafft folglich zwischen Peter und Ellie zugleich Distanz und Vertrautheit. Das gemeinsame Errichten des Hindernisses konstituiert somit bereits einen ersten Schritt zur Überwindung desselben. Darüber hinaus bekommt die Mauer erste Risse, da sich das Machtverhältnis zwischen den Klassen frühzeitig umkehrt:

> The fact that Ellen is short of funds and dependent on Warne's lower middle-class street wit just to survive foreshadows the ultimate melting of class barriers between them.[87]

Es ist insbesondere diese finanzielle Notsituation, welche unabhängig von den anfänglichen Abneigungen Ellie und Peter dazu zwingt, beieinander zu bleiben.

4.4 Gemeinsames Spiel

Ellie verfügt über kein Geld und muss inkognito reisen. Peter hingegen ist noch nicht pleite, aber nach dem Verlust seiner Arbeit auf dem besten Weg in die Mittellosigkeit und muss daher unbedingt einen neuen 'Knüller' für seinen Chefredakteur finden, um erneut angestellt zu werden. Aus dieser Konstellation ergibt sich eine Art Gleichgewicht von Attraktion und Antipathie zwischen Ellie und Peter, die zwar nicht freiwillig die Charaktereigenschaften des Gegenübers ertragen, zugleich aber auch nicht von einander lassen können. Hierbei handelt es sich um ein übliches Muster in der Screwball-Komödie, welches die Bildung von antagonistischen Paaren unterstützt. Die äußere Situation zwingt den Beteiligten einen zunächst unerwünschten Zustand auf, der sich mit der Zeit jedoch als angenehm entpuppt. Entscheidend ist,

---

[85] Cavell: *The Pursuits of happiness.* S. 81.

[86] Vgl. ebd. 88.

[87] Bergmann: "Frank Capra and Screwball Comedy." S. 137.

wie schon Cavell feststellt, weniger, was die Protagonisten miteinander, sondern, dass sie überhaupt irgendetwas gemeinsam tun.[88]

Im Falle von *It Happened One Night* wird die Verbrüderung von Peter und Ellie gegen die Außenwelt auf die Spitze getrieben, als Privatermittler im Auftrag von Ellies Vater das Motel nach dessen entflohener Tochter durchsuchen. Die als Ehepaar getarnten Flüchtlinge improvisieren den Detektiven gegenüber einen Ehestreit, der so echt wirkt, dass die Ermittler schließlich beschämt von den beiden ablassen. Der Effekt, den die Inszenierung auf das unfreiwillige Paar selbst hat, übertrifft den auf die Eindringlinge jedoch noch um ein Vielfaches:

Peter:	Hey you know, you weren't bad, jumping in like that. You've got a brain, haven't you.
Ellie:	Oh, you're not so bad yourself.
Peter:	We could start a two-people stock company. Things get tough, we'll play to small town auditoriums. We'll call this one, "The Great Deception."
Ellie:	What about "Cinderella" or a real hot love story?
Peter:	Oh no, that's too mushy.
Ellie:	Oh, I like mushy stuff.[89]

Auffällig an dieser Szene ist insbesondere Peters Verhalten. Selbstvergessen richtet er Ellies Kleidung wieder wie vor der kleinen Schauspieleinlage her. Sie stört sich keineswegs an seiner Fürsorge. Ganz im Gegenteil, Ellie schlägt ihm vielmehr eine "wirklich heiße Liebesgeschichte" als weiteren Teil ihres gemeinsamen Bühnenrepertoires vor. Strukturell ähnelt das Geschehen einem Heiratsantrag: Peter macht Ellie kniend ein – selbstverständlich scherzhaftes – Angebot, welches die junge Dame freudig annimmt und sogar noch weiter ausschmückt. Das gemeinsame Spiel hat die Beziehung von Peter Warne und Ellie Andrews offensichtlich auf eine neue freundschaftliche,[90] wenn nicht sogar romantische Ebene gehoben.

Nicht zu vergessen ist darüber hinaus das satirische Potential der von den beiden vorgetragenen Eheszene. Sie steht im Gegensatz zu dem in der Folge durchaus harmonischen Verhältnis von Ellie und Peter. Der Film kontrastiert auf diese Weise eine als normal erachtete eheliche Verbindung mit dem ungleichen Paar, welches eine

---

[88] Vgl. Cavell: *The Pursuits of happiness.* S. 88.

[89] *It Happened One Night*. 00.39.14-00.39.30.

[90] Vgl. auch: Kaufmann: "Es geschah in einer Nacht." S. 48.

solche Klischee-Ehe vorgetäuscht hat.[91] Eine andere Lesart wäre, dass eine richtige Ehe sich durch Streit als Kommunikationsform auszeichnet – eine Art des Umgangs, die Ellie und Peter bereits perfektioniert zu haben scheinen. Somit hätten sie bereits ihre Ehetauglichkeit unter Beweis gestellt.

4.5 Innere Reife und Akzeptanz

Zur endgültigen Überwindung der Mauern von Jericho mangelt es jedoch beiden Protagonisten an Mut oder Reife, wie man insbesondere bei Peter vermuten muss. Es reicht keinesfalls, die Bewegung der Millionärserbin und des Zeitungsreporters aufeinander zu nur als eine Läuterung der reichen Dame zu verstehen. Ellie adaptiert bereits frühzeitig das kameradschaftliche Miteinander der einfachen Amerikaner. Sie bringt die nötigen Charaktereigenschaften mit sich, um Freude am Leben der einfachen Leute zu haben. Deutlich wird dies während der Busfahrt nach der Übernachtung im Motel:

> The hardship of the bus trip abolishes social classes and turns everyone into members of a giant "economy class" community. In what can be seen as the heart of the movie [...], the bus's congregation erupts in a spontaneous rendition of "The Man on the Flying Trapeze." Different passengers sing different verses, but everybody, including Gable and Colbert in their double seat, joins in happily. It would read as a terminally corny image of disparates united by the pop culture, except that it, too, is undercut by irony: just as the driver joins in the chorus, he loses control of the wheel and the bus veers off the road into the mud.[92]

Die hervortretenden Sänger in dieser Szene repräsentieren unterschiedliche Berufsstände vom Matrosen bis hin zum besser gekleideten und sich gewählter ausdrückenden Büroangestellten.[93] Dennoch sind alle gleichermaßen akzeptierter Teil der Busgemeinschaft, die als ein Querschnitt der amerikanischen Gesellschaft verstanden werden muss. Ellies freudige Partizipation an der Darbietung zeigt, dass auch sie zu dieser Gruppe gehört und – bereits zu diesem frühen Zeitpunkt des Films – durchaus eine adäquate Partnerin für Peter Warne wäre. Vergessen scheint das zuvor noch in Ansätzen gezeichnete Bild der verwöhnten Tochter aus besserem Haus.

---

[91] Vgl. hierzu auch Cavell: *The Pursuits of happiness.* S. 86.

[92] Kendall, Elizabeth: *The Runaway Bride. Hollywood Romantic Comedies of the 1930s.* New York 1990. S. 46-47.

[93] Vgl. *It Happened One Night.* 00.41.25-00.44.08.

Ellie ist vielmehr weltfremd, aber loyal, wie sich zeigt, als sie einem Hunger leidenden kleinen Jungen und seiner Mutter aus Mitleid Peters und ihr letztes Geld schenkt.[94] Ihr Handeln in dieser Situation mag zwar naiv sein, ist jedoch moralisch vorbildlich.[95]

Obwohl Ellie nicht Peters Erwartungen an eine Millionärstochter zu entsprechen scheint, hält er weiterhin an seinen Vorurteilen fest. Seine Schimpftiraden richten sich dabei mit der Zeit immer weniger gegen Ellie und ihre Unbedarftheit, sondern vielmehr gegen die Weltfremdheit ihrer Familie:

Ellie:	You know, this is the first time in years I've ridden piggyback.
Peter:	This isn't piggyback.
Ellie:	Of course it is.
Peter:	You're crazy.
Ellie:	I remember distinctly my father taking me for a piggyback ride [...].
Peter:	Your father didn't know beans about piggyback riding.
Ellie:	My uncle, mother's brother, has four children. I've seen them ride piggyback.
Peter:	I'll bet there isn't a good piggyback rider in your whole family. I never knew a rich man who could piggyback ride.
Ellie:	You're prejudiced.
Peter:	You show me a good piggy backer and I'll show you a real human. Take Abraham Lincoln for instance. A natural born piggy backer. Where do you get off with that stuffed-shirt family of yours.
Ellie:	My father was a great piggy backer.[96]

Am Schluss der Szene weiß Peter sich nicht besser zu helfen, als Ellie einen abschließenden Klapps auf den Hintern zu geben. Eine Geste, die nicht nur aus heutiger Sicht sowohl als väterlich, aber auch als chauvinistisch empfunden werden muss – insbesondere bei einem beinahe fremden Mann. Peters Verhalten verdeutlicht nicht nur

---

[94] Vgl. ebd. 00.45.18.

[95] Vgl. Rowe Karlyn, Kathleen: *The Unruly Woman. Gender and the Genres of Laughter*. Austin 1995. S. 132.

[96] *It Happened One Night*. 00.50.38-00.51.42.

seine eigenen charakterlichen Defizite, sondern es ist darüber hinaus bezeichnend, dass diese just hervorbrechen, als ihm vor Augen geführt wird, wie ähnlich die Kinderspiele in Ellies Familie seinen eigenen sind. Anhand von Ellies Kindheitserinnerungen zeigt sich hier ein weiteres Mal, dass sie und Peter sich nicht so sehr voneinander unterscheiden, wie er immer wieder behauptet. Es bietet sich Peter somit die Chance, seine Wahrnehmung Ellies und insbesondere seiner selbst neu zu überdenken. Er wischt diesen Moment möglicher Selbsterkenntnis allerdings zu Gunsten seines eigenen Weltbildes, in dem er seinen festen Platz gefunden zu haben glaubt, schulterzuckend oder vielmehr hinternklappsend beiseite. Letztlich ist es weniger Ellies Abstammung als vielmehr Peters Furcht vor dem Unbekannten in sich selber, die ihn dazu bringt, eine radikale Abwehrhaltung gegenüber Ellie und ihrer Familie einzunehmen. Folglich ist es Peters Unfähigkeit, seine ihm bisher unbekannte Zuneigung gegenüber Ellie zuzulassen, die ihn dazu zwingt, den Annäherungsversuch seiner Begleiterin zurückzuweisen, als diese das erste Mal die Mauern von Jericho überwindet:

Peter:	I saw an island in the Pacific once. Never been able to forget it. That's where I'd like to take her. She'd have to be the sort of a girl who'd jump in the surf with me and love it as much as I did. You know, nights when you, the moon and the water all become one. And you feel that you're part of something big and marvelous. That's the only place to live. The stars are so close overhead you feel you could reach up and stir them around. I've been thinking about it. Boy, if I could ever find a girl who was hungry for those thing...
Ellie:	(*ist auf seine Seite des Vorhangs gekommen*) Take me with you Peter. Take me to your island. I want to do all those things you talked about.
Peter:	You better go back to your bed.
Ellie:	I love you. Nothing else matters. But we can run away. Everything will take care of itself. Please Peter, I can't let you out of my life now. I couldn't live without you.
Peter:	You'd better go back to your bed.
Ellie:	I'm sorry.[97]

Peters romantische Wunschvorstellung stellt den ersten Moment dar, in dem sich der Reporter ohne zur Schau getragenes Machogebahren Ellie gegenüber offenbart. Mehrfach hat diese unter Beweis gestellt, dass sie geeignet wäre, eben jene von Peter so herbeigesehnte Partnerin zu sein. Dass er sie in dieser Szene dennoch von sich stößt, deutet darauf hin, dass ihn weniger Ellies Abstammung verunsichert, als vielmehr seine eigene Verletzbarkeit, die evident wird, sobald er sich ihr gegenüber emotional öffnet. Hinreichende Bedingung für ein Happy End ist folglich Peters Bereitschaft sich und anderen gegenüber seine Liebe zu Ellie zu gestehen. Einen wesentlichen Beitrag zu dieser Entwicklung Peters leisten die Vaterfiguren des Films: Sowohl sein Chefredakteur als auch Ellies Vater nehmen entscheidend auf ihn Einfluss. Notwendig für diesen Vorgang ist eine allgemeine Akzeptanz der Autorität und Menschenkenntnis von Mr. Andrews, Ellies Vater. Hierzu trägt unter anderem die Art und Weise, auf welche die Oberschicht dargestellt wird, bei. Sie verdeutlicht, dass es für das Liebespaar durchaus andere Hindernisse als bloße Klassengrenzen zu

---

[97] Ebd. 01.12.45-01.14.20.

überwinden gilt. So betreibt *It Happened One Night* keinesfalls Schwarzweißmalerei in Bezug auf die vermögende Klasse, sondern nimmt ausgesprochen differenziert Stellung zum Verhalten der finanziell Bessergestellten.

4.6 Arbeiterethos und Moral

Capra lobt durch seinen Film zwar das Selbstverständnis der Arbeiterklasse, aber der Film schließt nicht aus, dass auch die Oberschicht denselben moralischen Werten folgt.[98] Offensichtlich wird dies an Mr. Andrews; er verkörpert eine Art des Lebens, die zwar luxuriös, aber nicht verschwenderisch und daher durchaus mit den Idealen der Arbeiterklasse zu vereinbaren ist: "He is careful with money and surely recognizes its importance, but he is unwilling to exploit people, no matter how desperate he is or how easily they can afford it."[99] Es werden zwar vermögende Haushalte beziehungsweise verschwenderische Lebensformen im Allgemeinen angeprangert; der explizite Hausvorstand in Form von Mr. Andrews selbst und die durch ihn repräsentierten Strukturen bleiben jedoch unangetastet.[100]

Ellie wird durch Peters Bevormundung also nicht entgegen den Werten ihres Vaters erzogen, sondern entgegen denen ihres Verlobten King Westley. Bei ihm handelt es sich um die am negativsten charakterisierte Figur des Films.[101] Sein Auftritt bei der eigenen Hochzeit, bei der er mit einem Flugzeug fast bis vor den Altar fliegt, zeigt seinen verschwenderischen Charakter und demonstriert seine Absicht, sich auf Kosten anderer selbst zu inszenieren.[102]

Durch ihre Absage an Westley und ihre Hochzeit mit Peter Warne wendet sich Ellie also keineswegs von den Idealen der Oberklasse ab. Vielmehr erkennt sie das Unmoralische und Verwerfliche an einem einzelnen Emporkömmling, der weder den Werten der Arbeiter- noch der Oberklasse entsprechend sein Leben bestreitet. Somit handelt es sich nicht um eine generelle Kritik an der sozialen Hierarchie im Amerika der New Deal Ära, wie Wartenberg eigentlich folgert,[103] sondern vielmehr um eine

98 Vgl. Bergmann: "Frank Capra and Screwball Comedy." S. 139.

99 Blake: *Screening America*. S. 123.

100 Vgl. Bergmann: "Frank Capra and Screwball Comedy." S. 138.

101 Vgl. Beach: *Class, Language, and American Film Comedy*. S. 74.

102 *It Happened One Night*. 01.34.41-01.35.46.

103 Vgl. Wartenberg: *Unlikely Couples*. S. 66.

Differenzierung der sozialen Kompetenz einzelner Charaktere. Ellie muss sich nicht von ihrem Stand lossagen, sie braucht ihn nur auf die richtige Weise auszuleben. Selbstverständlich entbehrt dieser Ansatz Capras nicht eines großen Idealismus,[104] jedoch erscheint die emotionale Wandlung, welche Peter Warne durchläuft, in vielerlei Hinsicht als ebenso radikal, wenn nicht sogar noch radikaler als die Ellies.

4.7 Selbsterkenntnis und soziale Restauration

Während sie sich von Beginn des Films an zu ihren Gefühlen bekennt – auch wenn diese anfangs noch fehlgeleitet sein mögen – erlernt Peter erst durch den Kontakt mit der ihm zunächst noch so fremden Ellie, seinen eigenen Sehnsüchten zu folgen.[105] Zunächst verweigert er sich Ellie, als diese sich ihm nachts annähert, nur um kurz darauf in die Stadt aufzubrechen, um, mit dem Geld seines Chefredakteurs ausgestattet, ihr als finanziell ebenbürtiger Partner gegenübertreten zu können.[106] Die Angst vor Zurückweisung treibt Peter an; dementsprechend verletzt reagiert er, als er fälschlicherweise annimmt, Ellie habe sich für Westley entschieden. Als Peter und Mr. Andrews sich schließlich persönlich gegenüberstehen und der Millionär den Reporter – unabhängig von gesellschaftlichen Aspekten – als adäquaten Partner seiner Tochter erkannt hat, muss er dem verschlossenen und wütenden Peter ein Liebesgeständnis geradezu abringen:

[104] Vgl. Blake: *Screening America.* S. 125.

[105] Vgl. Rowe Karlynn: *The Unruly Woman.* S. 132.

[106] *It Happened One Night.* 01.14.40.

Mr. Andrews:	Do you mind if I ask you a question, frankly? Do you love my daughter?
Peter:	Any guy who falls in love with your daughter should have his head examined.
Mr. Andrews:	Now that's an evasion.
Peter:	She picked herself a perfect running mate, King Westley. The pill of the century. What she needs is a guy that'd take a sock at her every day whether it is coming to her or not. If you had a head I suppose you had done it yourself long ago.
Mr. Andrews:	Do you love her?
Peter:	A normal human being could not live under the same roof with her without going nutty. She is my idea of nothing.
Mr. Andrews:	I asked you a simple question! Do you love her?
Peter:	Yes, but don't hold that against me! I'm a little screwy myself![107]

Während Ellie sich Peter schon früher offenbart und während ihrer gemeinsamen Reise zeigt, dass sie durchaus für das einfache Leben Peters geeignet ist, braucht Peter erheblich höheren äußeren Druck, um sich seine Gefühle einzugestehen. Der Film stellt somit einen emotionalen Reifungsprozess dar, während dessen sich die beiden Protagonisten sozial und emotional kontinuierlich aufeinander zu bewegen:

> Colbert's heiress possesses social power as her father's daughter becomes just a solitary vulnerable woman on the bus trip. Gable's reporter stands socially "beneath" an heiress in the regular world but becomes her manly protector on the bus trip. The bus's milieu turns Colbert's class ascendancy into Gables gender ascendancy, then reverses that configuration too, as the woman shows herself more resourceful than the man and the man grows more tender than the woman.[108]

Capras Idealismus beschränkt sich somit nicht nur auf die sozialen Umstände, sondern ebenfalls auf das Verständnis der Geschlechterrollen. Es liegt sogar nahe, so weit zu gehen, *It Happened One Night* als einen sozial restaurativen Film zu bezeichnen. Klassengrenzen werden zwar überschritten, aber die Unterschiede zwischen den einzelnen Bevölkerungsschichten bestehen dennoch fort. Moralisch berechtigt

---

[107] Ebd. 01.33.30-01.34.00.

[108] Kendall: *The Runaway Bride.* S. 42.

wird diese Grenzziehung durch zwei wesentliche Faktoren. Zum einen wird durch den Ausschluss King Westleys einem unmoralischen Lebensstil eine Absage erteilt, und zum anderen demonstriert Peters Vereinigung mit Ellie die Durchlässigkeit der sozialen Grenze. Wer das moralische Rüstzeug mit sich bringt, kann sozial durchaus aufsteigen, unabhängig davon, woher er ursprünglich kommt. Capras Film stellt also eine Restauration der Oberschicht dar und feiert zugleich den amerikanischen Traum, der jedem, der hart genug arbeitet, Wohlstand verspricht.

Allerdings findet diese Restauration nicht durch die Darstellung des ungleichen Paares statt, sondern dieses ist vielmehr ein Symptom derselben. Wäre Mr. Andrews nicht so ein lebensweiser Mann, hätte seine Tochter den reichen Playboy statt ihrer großen Liebe geheiratet. Das ungleiche Liebespaar reißt in diesem Fall keine Klassengrenze ein, sondern wird sozusagen durch das Wohlwollen aller Beteiligten über diese Grenze gehoben.

Weitaus größer ist die emotionale Kraft, die von der persönlichen Reifung der Charaktere ausgeht. Die Ungleichheit Ellies und Peters scheint weniger die sozialen Umstände zu kritisieren, als vielmehr zu verdeutlichen, wie mächtig ihre Gefühle füreinander sind. Die gesellschaftlichen Umstände korrelieren dabei mit der emotionalen Entwicklung der beiden Protagonisten. So ist nicht das Überqueren der Klassengrenze hinreichende Bedingung für Peter, um seine Liebe zu Ellie artikulieren zu können, sondern vielmehr muss er seine Liebe zu ihr zum Ausdruck bringen, bevor Ellie von alleine zu ihm kommt. Als symptomatisch ist Peters Auftritt im Hause Andrews zu erachten.[109] Er tritt hier in einen Raum ein, der durch Wohlstand und Überfluss semantisiert ist,[110] jedoch wird nicht die Grenzüberschreitung an sich als zentraler Bestandteil der Paarbildung gezeigt, sondern vielmehr Peters Geständnis Mr. Andrews gegenüber. Peter muss keine Klassengrenzen überqueren, er muss sich selbst nur seine Liebe eingestehen.

Ohne die Bedeutung der dargestellten sozialen Unterschiede ignorieren zu wollen, bleibt folglich festzustellen, dass *It Happened One Night* seinen Fokus bei weitem

---

109 *It Happened One Night*. 01.31.32-1.34.31.

110 Vgl. die Ausführungen in Lotman, Jurij M.: *Die Struktur literarischer Texte*. München[4] 1993.

nicht nur auf die Überwindung sozialer Ungleichheit legt,[111] sondern auf die Selbst-erkenntnis des Einzelnen in einer ungleichen Partnerschaft.

111 Vgl. auch Beach: *Class, Language, and American Film Comedy.* S. 76.

5. Wissenschaftler und Naturkatastrophen:

Bringing Up Baby und *What's Up, Doc?*

Behält man diesen Aspekt der Darstellung ungleicher Beziehungen im Blick, erscheinen Paare aus weiteren Filmen interessant, die nicht zwangsläufig aus unterschiedlichen sozialen Schichten stammen, sondern sich in ihrer Lebensart massiv voneinander unterscheiden:

> In *Bringing Up Baby*, perhaps more than any other screwball comedy, the romance couple represented polar opposites, and their final pairing up signified the perfect complementaries of the male/female relationship. The conflict in this film as in *It Happened One Night*, was also sexual and ideological, although here the ideological clash was between the intellect and emotion, reason and feeling, work and fun, confinement and freedom, rigidity and spontaneity.[112]

Bei dem 1938 unter der Regie von Howard Hawks entstandenem *Bringing Up Baby* handelt es sich um einen weiteren Film, der das Genre der 'Screwball Comedy' entscheidend geformt hat. Anders als *It Happened One Night* ist er bei seiner Premiere jedoch nicht gefeiert, sondern von der Kritik verrissen worden:

> To the Music Hall yesterday came a farce which you can barely hear above the precisely enunciated patter of Miss Katharine Hepburn and the ominous tread of deliberative gags. [...] Of course, if you've never been to the movies, Bringing Up Baby will be all new to you—a zany-ridden product of the goofy farce school. But who hasn't been to the movies?[113]

An den Kinokassen floppte Howard Hawks' Film und brachte Katherine Hepburn sogar den Ruf ein, Kassengift zu sein.[114] Erst mit der Zeit findet Hawks' Komödie ihr Publikum und entwickelt eine enorme Bedeutung für das Genre der 'Screwball':

---

[112] Olsin Lent: "Romantic Love and Friendship." S. 324.

[113] Nugent, Frank S.: "Bringing Up Baby." In: *New York Times*. 04.03.1934. Online verfügbar: <http://movies.nytimes.com/movie/review?res=EE05E7DF173FE161BC4C53DFB5668383629EDE>. Datum des Zugriffs: 27.02.2010.

[114] Vgl. Laham: *Currents of Comedy on the American Screen*. S. 28. Oder auch: Haefele, Volker: "Leoparden küsst man nicht." In: Heinz-B. Heller und Matthias Steinle (Hg.): *Filmgenres. Komödie*. Stuttgart 2005. S. 171-176. Hier: S. 175.

> In recent decades, *Bringing Up Baby* has undergone perhaps the most significant re-evaluation of any movie ever produced. Dismissed by film critics at the time for representing nothing more than a standard, run-of-the-mill screwball comedy, undistinguished from the dozens of such films produced during the 1930s, *Bringing Up Baby* is now hailed a masterpiece.[115]

Der Wandel in der Wahrnehmung von Hawks' Komödie vom absoluten Misserfolg zur ultimativen Screwball-Komödie lässt sich unter anderem an der Vielzahl filmischer Reminiszenzen ablesen, die *Bringing Up Baby* provozierte. Exemplarisch wird daher im Folgenden neben Howard Hawks' Original Peter Bogdanovichs Hommage an die Screwball-Ära *What's Up, Doc?* aus dem Jahr 1972 im Fokus der Analyse stehen.[116]

Dem großen Zeitsprung zum Trotz sind die Themenkomplexe beider Filme großenteils deckungsgleich und der inhaltliche Umgang mit den screwballtypischen Themenkomplexen annähernd identisch.[117] Es handelt sich hierbei um ein Indiz dafür, wie präzise sich Bogdanovich einerseits auf die Filme der 30er Jahre beruft, und zum anderen um einen weiteren Beleg für den großen Einfluss von *Bringing Up Baby* auf die Hollywood Komödie.[118]

5.1 Frustrierte Spezialisten

Im Zentrum beider Filme stehen zwei Naturwissenschaftler: Dr. David Huxley und Dr. Howard Bannister. Abgesehen von ihrer akademischen Ausrichtung scheinen beide Protagonisten nichts unmittelbar miteinander gemein zu haben; so ist Huxley Archäologe, während sich Bannister speziell mit den musikalischen Qualitäten von Gestein auseinandersetzt. Entscheidend ist jedoch weniger die genaue wissenschaftliche Betätigung der einzelnen Charaktere als vielmehr die Art und Weise, wie diese dargestellt wird und welche Folgen sie auf das Leben der Protagonisten hat.

Beide Forscher genießen offensichtlich hohes Ansehen in ihren Kreisen, was sich daran ablesen lässt, dass sich beide als aussichtsreiche Anwärter auf größere Förder-

115 Laham: *Currents of Comedy on the American Screen.* S. 29.

116 Vgl. auch: Haefele: "Leoparden küsst man nicht." S. 175.

117 Vgl. Gehring: *Romantic vs. Screwball Comedy.* S. 145.

118 Vgl. Canby, Vincent: "'What's Up, Doc?,' A Stylish Comedy." In: *New York Times.* 10.03.1972. Online verfügbar: <http://movies.nytimes.com/movie/review?_r=1&res =EE05E7DF173DE7 74BC4852 DFB5668389669EDE>. Datum des Zugriffs: 27.02.2010.

summen für ihre weitere Arbeit betrachten können. Howard Bannister wirbt um die Gunst der Larrabee-Stiftung, während David Huxley auf eine Million Dollar Fördergeld der wohlhabenden Ms. Random hofft.

Der akademische Erfolg korreliert dabei mit scheinbarem privatem Glück. Huxley steht zu Beginn von *Bringing Up Baby* nur einen Tag vor der Hochzeit mit Alice Swallow, und Bannister ist mit der resoluten Eunice Burnce verlobt. Wesentliches Merkmal beider Beziehungen ist eine außerordentliche Fokussierung auf den Beruf des männlichen Partners. Eunice Burns organisiert nicht nur Howards Tagesablauf und Garderobe, sondern scheint sich selbst darüber hinaus voll mit dem Beruf ihres Verlobten zu identifizieren.[119] Alice Swallows hingegen ist nicht nur wissenschaftliche Mitarbeiterin ihres Gatten in spe, sondern ordnet des Weiteren ihr eigenes privates Glück gänzlich dem Erfolg von Davids Forschungsarbeit unter. In diesem Zusammenhang wird eine weitere Parallele der beiden Beziehungen offensichtlich, denn die Unterordnung privaten Glücks gegenüber professioneller Erfüllung setzt ebenfalls eine völlige Asexualität der Verbindung voraus:

---

119 Vgl. *What's Up, Doc?* 00.03.44-00.04.15

David:	Oh Alice! [Er versucht, sie zu küssen.]
Alice:	Stop it! Really David, there's a time and place for everything. What would Professor LaTouche think.
Professor La-Touche:	After all my dear, you're getting married tomorrow.
Alice:	Yes I know we are.
David:	Oh yea, that's right. We're getting married tomorrow. Isn't that odd. Two such important things happening on the same day.
Professor La-Touche:	I think the occasion calls for a celebration.
David:	Don't you worry, professor. We're gonna celebrate. We gonna go away directly we've been married.
Alice:	Going away – why? What are you thinking of David? After receiving this telegraph.
David:	Oh, we can!
Alice:	Well, as soon as we're married, we're directly coming back here and you're going on with your work.
David:	Oh Alice...
Alice:	Now once and for all, David: Nothing must interfere with your work. Our marriage must entail no domestic entanglements of any kind.
David:	You mean, you mean...
Alice:	I mean of any kind, David.
David:	Oh Alice, I had hoped... You mean children and all that sort of things?
Alice:	Exactly. This [Sie deutet auf das Dinosaurierskelett] will be our child. Yes David, I see our marriage purely as a dedication to your work.
David:	Well Gee Wizz Alice, everybody has to have a honeymoon
Alice:	We haven't time.[120]

Die sexuellen Aspekte der Beziehung werden im Fall von Hawks' Film aufgrund des zu dieser Zeit gültigen 'Hays Codes' natürlich nur angedeutet, sind aber sowohl zu damaliger als auch zu heutiger Zeit durchaus verständlich.

---

[120] *Bringing Up Baby*. 00.02.17-00.03.13.

What's Up, Doc? verzichtet seinerseits auf eine verbale Ausdifferenzierung sexueller Aktivität und bringt optisch wirkungsvoll Eunice und Howard einfach in unterschiedlichen Hotelzimmern unter; es bleibt zu bedenken, dass Bogdanovichs Film bereits nach der sexuellen Revolution entstand und dass dementsprechend das Verhalten der beinahe verheirateten Protagonisten nicht nur aus heutiger Sicht befremdlich anmutet. Festzuhalten ist, dass die sexuelle Enthaltsamkeit nicht zwangsläufig vom männlichen Teil des Paares angestrebt wird. David Huxley offenbart in der oben zitierten Szene großes Interesse an Alice und ist offensichtlich enttäuscht über ihre Zurückweisung. In Howard Bannisters Fall gibt es hingegen keine eindeutigen Anzeichen dafür, dass er sich seiner Verlobten bereits vor der Hochzeit nähern will:

Eunice:	Well Howard, you know what I'm talking about. After all you are a man.
Howard:	Yes, that's true.
Eunice:	She is a woman.
Howard:	Yes, that is true, too.
Eunice:	In the same way that I am a woman.
Howard:	Well I don't think of you as a woman, Eunice. I think of you as Eunice.
Eunice:	But I am a woman, Howard.
Howard:	Oh I know that.[121]

Bannisters Wahrnehmung von Eunice ist offenbar geschlechtsneutral. Die von ihnen geführte Beziehung kann somit nur unromantisch und unerotisch sein. Ein Zustand, der Howard anscheinend keine so großen Schwierigkeiten beschert wie David Huxley in *Bringing Up Baby*. Gemein ist den Protagonisten beider Filme jedoch, dass ihnen ein erotisches Erwachen bevorsteht. Die Darstellung dieses emotionalen Zustands wird durch ein Geflecht von zum Teil sehr expliziten Sexualmetaphern untermalt:[122]

[121] *What's Up, Doc?* 00.17.16-00.17.31 .

[122] Vgl. hierzu auch Gehring: *Romantic vs. Screwball Comedy*. S. 45.

Howard:	I hope nothing's broken.
Eunice:	Oh, it's just a bump, Howard. Don't overdramatize.
Howard:	I mean my igneous rocks. I hope they are not damaged.
Cabdriver:	I know how you feel, mister. I hate it, when my igneous rocks are even touched.[123]

Während sich Howard einen Großteil des Films mit der wissenschaftlichen Erkundung seiner "rocks" beschäftigt und sich letztlich gemeinsam mit Judy auf die Suche nach eben diesen begibt, wird David Huxley in *Bringing Up Baby* zwischenzeitlich sogar namentlich als "Mr. Bone" sozusagen phallisch mit seinem Forschungsobjekt identifiziert.[124] Die Disparität von wissenschaftlichem Interesse und libidinöser Unwissenheit tritt in diesem Fall bereits in der ersten Szene offen zu Tage, als David über die Position eines Knochens in seinem Dinosaurierskelett nachdenkt: "Alice, I think this one must belong in the tail. – Nonsense. You tried it in the tail yesterday and it didn't fit."[125] Unter Berücksichtigung der Sexualmetaphorik, liegt der Schluss nahe, dass beide Männer wissenschaftlich – also mit rationalen Mitteln – versuchen, einem emotionalen und folglich irrationalen Problem beizukommen. Die Distanz zwischen beiden Standpunkten kann nur durch Hilfe von außen überbrückt werden. Ausdrücklich führt *Bringing Up Baby* diesen Gedanken zu Ende, indem Susan David seinen "Claviculus Intercostalus" zurückbringt, nachdem sie den Großteil des Films mit der gemeinsamen Suche nach diesem seltenen und kostbaren Knochen verbracht haben.[126]

Nachholbedarf besteht für die männlichen Helden beider Filme darüber hinaus in der Bewältigung des normalen nichtakademischen Alltags. Die Ausgangsbeziehungen sind jeweils von einer großen Abhängigkeit des Protagonisten von seiner Partnerin gekennzeichnet. Das Leben der Akademiker wird von ihren angehenden Frauen geplant und verwaltet. Auf die Spitze treibt *What's Up, Doc?* dieses Verhalten, indem er Bannister sich von seiner Verlobten sogar die Begrüßungsfloskeln beibrin-

---

[123] *What's Up, Doc?* 00.06.10-00.06.22

[124] Vgl. hierzu auch Olsin Lent: "Romantic Love and Friendship." S. 328.

[125] *Bringing Up Baby*. 00.01.42-00.01.22. Vgl. hierzu auch Cavell: *The Pursuits of happiness.* S. 117.

[126] Vgl. ebd. 01.33.55- 01.34.20.

gen lässt, die er Frederick Larrabee gegenüber anbringen soll.[127] Beide Männer sind zwar erfolgreich in ihrem Beruf und Spezialisten auf ihren Fachgebieten – ein Zustand, der sie durchaus attraktiv erscheinen lässt – allerdings stehen sie mit der Außenwelt in einem dauerhaften Konflikt, der ihre innere Unzufriedenheit und Unreife verdeutlicht. Diese Männer sind lebensunfähig, weil sie es nicht gewohnt sind, zu leben.

5.2 Weiblicher Instinkt

Die ungleiche Partnerin, mit der die Protagonisten konfrontiert werden, steht im Gegensatz zu den männlichen Lebensnormen. Sie verhält sich exzentrisch, jedoch ohne es zu beabsichtigen,[128] sondern einfach weil die Welt und ihre Maßstäbe zu rigide sind, um ihr ein freudvolles Leben zu ermöglichen. Nicht umsonst sehen wir Susan Vance das erste Mal auf dem Golfplatz. Dass sie gegen die Regeln verstößt, indem sie mit Davids Ball weiterspielt, stört sie nicht im Geringsten; vielmehr geht es ihr um den Spaß an der spielerischen Betätigung an sich.[129]
Judy Maxwell wird ihrerseits als Frau etabliert, die bedingungslos ihren körperlichen Bedürfnissen nachgeht. Von Hunger getrieben ist sie so sehr auf einen Pizzaboten fokussiert, dass sie zunächst beinahe von zwei Motorrollern überfahren wird und schließlich ein Taxi zur Notbremsung zwingt – bezeichnenderweise eben jenes Taxi, in dem Howard und Eunice sitzen.[130]
Von den Verlobten der Helden unterscheiden sich die angehenden Partnerinnen sowohl emotional als auch optisch – im Falle von *What's Up, Doc?* sogar akustisch. Während Eunice Burns – "who has a voice that sounds as if it had been filtered through a ceramic nose"[131] – sich mit ihrer schrillen Stimme Gehör gegenüber Howard verschafft, ist sich das Publikum aufgrund des Castings von Barbara Streisand für die Rolle der Judy ihres gesanglichen Potentials bewusst – eine Annahme, die im Verlauf des Films nochmals durch eine Gesangseinlage Streisands bestätigt wird.[132]

---

[127] Vgl. *What's Up, Doc?* 00.17.52 – 00.18.29.

[128] Vgl. Wulff: "Screwball Comedies."

[129] Vgl. *Bringing Up Baby*. 00.05.05-00.06.20.

[130] Vgl. *What's Up, Doc?* 00.05.30-00.06.10.

[131] Canby: "'What's Up, Doc?,' A Stylish Comedy."

[132] Vgl. Nugent: "Bringing Up Baby."

Bereits über die Stimme wird somit Judy eine Art angeborene Sinnlichkeit zugeschrieben, die sie Eunice uneinholbar voraus hat. Auch optisch unterscheiden sich beide Frauen voneinander: Während sich Judys selbstbewusste Ungezwungenheit in ihrer lockeren Kleidung in Jeans und Bluse widerspiegelt, erscheint Eunice in ihren Kleidern und mit ihrer übertrieben akkuraten Perücke steif, altbacken und dominant.[133] Auf ähnliche Weise stellt auch Howard Hawks' Film die beiden weiblichen Hauptcharaktere einander gegenüber:

> The film contrasts the two women in David's life as he talks to each in turn on the telephone, not only in their costumes – Alice's is forma, neat, prissy; Susan is gorgeously floaty, idiosyncratic and sensual – but also in the tenor of the conversations with each. Although he seems initially hostile to Susan [...] and obedient to Alice, the former's manipulation of the encounter reveals a different aspect of David's personality.[134]

Von zentraler Bedeutung für den Verlauf der Filmhandlung und die psychologische Entwicklung der Figuren ist, dass – anders als die männlichen Helden – die Protagonistinnen bereits frühzeitig ihr Interesse für das Gegenüber erkennen und verstehen. Susans Anziehung zu David wird dem Publikum in *Bringing Up Baby* durch einen einfachen Wechsel in der Einstellungsgröße der Kamera vermittelt:

> The first close-up in *Bringing Up Baby*, about a third of the way through, shows us Susan's distress at hearing that David is to be married. This shot betrays a previously transparent discourse – someone is showing us this detail, is marking it as important (so that we will understand Susan's behavior later).[135]

Auch Judy erkennt in Howard augenblicklich das Objekt ihrer Begierde. Es ist bezeichnend, dass sie ihn ausgerechnet das erste Mal wahrnimmt, während sie beim Zimmerservice eine Bestellung aufgibt.[136] Ihr Hunger nach Nahrung wird auf diese Weise offensichtlich mit sexuellem Appetit konnotiert.

In beiden Filmen stehen die Frauen in einem deutlich besseren Verhältnis zu ihren inneren Wünschen und haben keine Orientierungsprobleme bei ihrer Partnerwahl. Da sie sich über ihre Bedürfnisse im Klaren sind, werden die Frauen zur treibenden

---

[133] Vgl. *What's Up, Doc?* 00.13.52-00.14.37.

[134] McDonald: *Romantic Comedy.* S. 29.

[135] Henderson: "Romantic Comedy Today." S. 323.

[136] Vgl. *What's Up, Doc?* 00.08.33-00.09.05.

Kraft in den meisten Screwball-Komödien.[137] Aufgrund ihrer Erfahrungslosigkeit hilflos und unfähig, sich der ungewohnten weiblichen Annäherung zu erwehren, verzweifeln die Männer, die ihre geordnete bisherige Existenz bedroht sehen: "I am not joking now. I do not like to act rashly but you're the last straw that breaks my camels back. You're the plague. You bring havoc and chaos to everyone, but why to me? Why me? Why? Why?"[138] Noch drastischer formuliert Louden Trott in *Who's That Girl* – einem 80er-Jahre Remake von *Bringing Up Baby* und *What's Up, Doc?* – seine Charakterisierung von Nikki Finch – dem Pendant zu Judy Maxwell –, als diese ihn nach seiner Verlobten fragt: "Well, you two really don't have much in common, you see, she being a mere human person, you being a force of nature."[139]
Notwendiges Ziel der 'Naturkatastrophen'[140] Susan und Judy muss unweigerlich sein, David beziehungsweise Howard die Freudlosigkeit ihres bisherigen Lebens zu verdeutlichen und sie für eine neue, andere Form der Partnerschaft zu begeistern. Beide Screwball-Komödien demonstrieren auf diese Weise anhand der Bestrebungen ihrer weiblichen Hauptfiguren einen Paradigmenwechsel im Verständnis der Ehe:

> Marriage became less a social economic institution based upon spiritual love and more a sexual and emotional union based upon sexual attraction. The aims of the ideal contemporary marriage were romantic satisfaction achieved through sexual gratification and friendship – a "love-companionship."[141]

Es handelt sich um eine Form von Liebesbeziehung, die beiden Männern bislang fremd ist und die sie unmöglich mit ihren ursprünglichen Partnerinnen verwirklichen können. Um sie dessen gewahr werden zu lassen, sind Judy und Susan darauf bestrebt, beide Männer so zu manipulieren,[142] dass sie möglichst viel Zeit mit ihnen verbringen und sich von ihren eigentlichen Partnerinnen fernhalten.

---

137 Vgl. Wulff: "Screwball Comedies."

138 *What's Up, Doc?* 00.39.15-00.39.25.

139 *Who's That Girl* 00.35.16-00.35.23.

140 Vgl. zu diesem Begriff auch Gerhing: *Romantic vs. Screwball Comedy.* S. 160.

141 Olsin Lent: "Romantic Love and Friendship." S. 320.

142 Vgl. Gehring: *Romantic vs. Screwball Comedy.* S. 50-51.

5.3 Spiel und Demontage

Zentraler Bestandteil dieser Strategie, ob geplant oder nicht, ist insbesondere das Spiel miteinander; ein Aspekt, der in *Bringing Up Baby*, wie oben bereits erwähnt, durch die Begegnung auf dem Golfplatz früh etabliert wird. Stanley Cavell beobachtet darüber hinaus an Susans und Davids Verhalten, dass nicht nur der Großteil ihres Handelns spielerischer Natur sei, sondern dass zudem ihr Umgangston miteinander und ihr nach außen hin merkwürdiges Verhalten großenteils spielerische Aspekte aufwiesen.[143] Auch wenn dieser Zustand vom männlichen Part zunächst nicht als wünschenswert empfunden werde, ergebe sich aus dem gemeinsamen Spiel zwangsläufig – wenn nicht zeitgleich, so doch zumindest retrospektiv – gemeinsamer Spaß.[144] So schließt *Bringing Up Baby* nicht umsonst mit einer Liebeserklärung, die vor allem das Vergnügen des Zusammenseins betont:

[143] Vgl. Cavell: *The Pursuits of happiness.* S. 124.

[144] Vgl. Olsin Lent: "Romantic Love and Friendship." S. 322.

Susan:	David, if I could only make you understand. You see, all that happened happened because I was trying to keep you near me and I just did anything that came into my head. I'm so sorry.
Davide:	But I want to thank you!
Susan:	Thank me?
David:	Yes, you see. Well, I've just discovered that was the best day I've ever had in my whole life.
Susan:	David, you don't mean it.
David:	I never had a better time!
Susan:	But I was there.
David:	Well, but that's what made it so good.
Susan:	Oh, did you really have a good time?
David:	Yes, I did.
Susan:	That's wonderful! Do you realize what that means? That means that you must like me a little bit.
David:	Susan, it's more than that.
Susan:	Is it?
Davide:	Yes, I love you I think![145]

Der Weg bis zu dieser Erkenntnis ist jedoch lang und insbesondere für David verbunden mit einer Vielzahl von Erniedrigungen, denn zur vollständigen Tilgung der vorherigen Partnerschaft und des damit verbundenen Lebensstiles gehört ebenfalls die Beseitigung sämtlicher Statussymbole und Insignien, die über Leben und Wandel des Protagonisten Auskunft geben. Dieser Vorgang der Demontage setzt beim zweiten Treffen von Susan und David ein und zieht sich durch die gesamte Filmhandlung: Zunächst wird Davids Zylinder verbeult und sein Frack zerrissen,[146] dann muss er sich in Susans Morgenmantel kleiden, nachdem diese ohne sein Wissen seine Kleidung in die Reinigung hat bringen lassen.[147] Als nächstes muss David die viel zu kleine Reitkleidung von Susans Bruder Marc auftragen,[148] und schließlich zerbricht Davids Brille – das letzte Zeichen seines Akademikerstatus' – bei einer unabsichtlichen Rutschpartie.[149]

---

145 *Bringing Up Baby*. 01.35.22-01.36.00.

146 Vgl. ebd. 00.09.37-00.14.30.

147 Vgl. ebd. 00.35.10-00.39.14.

148 Vgl. ebd. 00.40.00-00.46.47.

149 Vgl. ebd. 01.12.03-01.12.20.

Ähnlich verhält es sich in *What's Up, Doc?*, der auch in dieser Hinsicht explizit auf die Komödientradition verweist,[150] in der er sich bewegt: Judy zerreißt Howards Jackett,[151] setzt sein Hotelzimmer in Brand, woraufhin er nur noch Pyjama und Anzug übereinander tragen kann,[152] und schließlich kleiden sich beide auf ihrer gemeinsamen Flucht zwecks Tarnung in einem Kostümverleih neu ein.[153] Der Eindruck des 'Karnevalesken'[154] entsteht nicht umsonst und dient der Demontage des Akademikertums oder vielmehr der Unterwanderung des mit ihr in beiden Filmen verbundenen enthaltsamen und spaßlosen Lebensstiles. Als müssten die Protagonisten zunächst der optischen Lächerlichkeit Preis gegeben werden, um die inhaltliche Belanglosigkeit ihres Lebens zu erfassen, werden sie mit Hilfe der Maskerade spielerisch von ihrem alten Dasein losgelöst und somit auf ein neues vorbereitet: "Der Brauch der Erniedrigung vollendet erst die Erhöhung; er ist von ihr nicht zu trennen."[155] In beiden Fällen wird die eigentliche Autoritätsperson ihrer Autorität beraubt – ein klassisches Beispiel für "topsyturvydom"[156] in der Screwball-Komödie. Im Kontrast zu diesem Prozess des Selbstvergessens steht in der Argumentation des Films ausdrücklich Alice Swallows Aufforderung an David, er möge sich doch bitte daran erinnern, wer er sei.[157] Die unbewusste Emanzipation des Mannes von seiner ursprünglichen Partnerin scheint beiden Wissenschaftlern allen Katastrophen zum Trotz auf eine merkwürdige Art zu gefallen; fühlen sie sich doch offensichtlich zu den ihnen fremden, chaotischen Damen hingezogen:

---

150 Vgl. Wulff: "Screwball Comedies."

151 Vgl. *What's Up, Doc?* 00.13.10-00.13.33.

152 Vgl. ebd. 00.46.06-00.53.46.

153 Vgl. ebd. 01.07.13-01.08.03.

154 Vgl. zum Begriff des Karnevalesken die Ausführungen in Bachtin: Literatur und Karneval. S. 47-60.

155 Ebd. S. 51.

156 Gehring: *Romantic vs. Screwball Comedy*. S. 33.

157 *Bringing Up Baby*. 00.03.47.

David:	Don't think that I don't appreciate all you have done but...
Susan:	Oh, it was nothing, David.
David:	Just a moment. But there are limits to what a man can bare. And besides that, tomorrow afternoon I'm gonna get married.
Susan:	[lacht] What for?
David:	Well because... Well anyway, I'm gonna get married, Susan, and don't interrupt. My future wife has always regarded me as a man of some dignity. [Susan lacht] Privately I'm convinced that I have some dignity. Now it isn't that I don't like you Susan, because after all in moments of quiet I'm strangely drawn towards you but – well, there haven't been any quiet moments. Our relationship has been a series of misadventures from beginning to end.[158]

Susans offensichtliche Missbilligung von Davids Hochzeit hält ihn nicht davon ab, weiterhin mit ihr in Kontakt zu bleiben. Es stellt sich folglich der Eindruck ein, dass der Wissenschaftler Gefallen am Spiel und der anderen Frau gefunden hat, auch wenn er selber noch keinen Grund dafür erkennen kann:

> It is the woman who provides [the] therapy by virtue of her knowledge, whatever the man may think, that she is the object of his (repressed) desire, and her ability to bring him back to this knowledge by virtue of her willingness for the time to live out his delusions (call this sharing his fantasies).[159]

Dass Judy für Howard die richtige Frau sein könnte, offenbart sich bei dem von der Larrabee-Stiftung gegebenen Bankett. Die offensichtliche Sympathie, die Mr. Larrabee für den jungen Wirbelwind aufbringt, strahlt auf den verkrampften Howard ab, so dass dieser schließlich – nicht nur um eine Gefährdung der Fördergelder zu vermeiden – seine eigene Verlobte verleugnet. Larrabees Frage: "Who is that dangerously unbalanced woman?"[160] deutet in diesem Zusammenhang darauf hin, dass keineswegs Howard der Charakter ist, der Stabilität bedarf, sondern vielmehr seine Verlobte Eunice.

---

[158] Ebd. 00.19.44-00.20.23.

[159] Cavell: *The Pursuits of happiness.* S. 114.

[160] *What's Up, Doc?* 00.31.11.

Stärke und Balance kann Howard hingegen von Judy erwarten, die ihn immer wieder mit ihrem scheinbar unbegrenzten Fachwissen überrascht und fasziniert.[161] Das gemeinsame Rollenspiel beim Bankett führt dazu, dass zwischen den beiden eine neue Vertrautheit herrscht, gegen die Howard zwar immer noch anzukämpfen versucht, seine Ausflüchte werden von Judy jedoch mit Hilfe eines semantischen Kurzschlusses ihrer eigenen Hinfälligkeit überführt:

Howard:	I know you don't mean any harm. You're just different.
Judy:	Thank you. I know I'm different, but from now on I'm gonna try to be the same.
Howard:	Same as what?
Judy:	Same as people who aren't different.[162]

Es ist unklar, was der Wissenschaftler eigentlich mit dem Begriff "different" meint – wovon anders? Judy führt vor, wie unsinnig sein Einwand ist, da eine Einteilung in normal und abnormal immer subjektiv sein muss. Die Kombination aus Unbekümmertheit bei gleichzeitigem Interesse für seine Person überrascht und verunsichert Howard offensichtlich. Auch für David ist das Interesse einer Frau, die auf den ersten Blick so anders ist als er, eine ungewohnte Erfahrung. Die fremden Frauen stellen für beide Männer etwas bisher Unbekanntes dar und verkörpern für sie eine neue Faszination.

5.4 Das unbekannte Wilde

Speziell der Aspekt des ungezügelten, wilden Lebens ist es, der die Protagonisten einerseits abschreckt, aber zugleich auch fesselt. Sinnbildlich für Susans Leidenschaft und darüber hinaus auch ihre animalische Seite steht der titelgebende Leopard. Bei Davids erstem Aufeinandertreffen mit Baby werden die Zuneigung der Wildkatze zum Akademiker und Susans Begehren nach David parallelisiert:

[161] Ebd. 00.35.01-00.35.30.

[162] Ebd. 00.35.35-00.35.50.

Susan:	Stand still David, don't be nervous.
David:	Make him stand still.
Susan:	Don't be silly David, you can't make a leopard stand still.
David:	Susan, do something. Turn off the music.
Susan:	I don't think it's the music, David. I think it's you. David, I think you found a real friend. Look, isn't that affectionate. It's just like a baby-kitten. I never saw anything take such a liking to anyone in my whole live. It would follow you anywhere.[163]

Durch den gewählten Bildausschnitt, der Susan statt des Leoparden in den Fokus rückt, lässt sich ihre Beschreibung von Babys Gefühlen als Interpretation ihres eignen Innenlebens verstehen. Besonders deutlich wird dies, wenn David vor ihr und Baby zurückweicht, ihm aber beide nachgehen und Susan feststellt, dass der Leopard ihm vermutlich überallhin folgen würde.

Die metaphorische Rolle von Baby wird ein weiteres Mal offensichtlich, als Susan und David ihn beim gemeinsamen Spiel mit George beobachten.[164] Für Cavell stellt diese Szene aufgrund des Dialoges zwischen Susan und David die Frage nach den Voraussetzungen für eine glückliche Beziehung, da unklar bleibt, warum beide Tiere einander eigentlich mögen.[165] Er geht jedoch nicht weiter auf die Funktion der Szene als 'pars pro toto' ein. Katze und Hund im ewigen, wenn hier auch spielerischen, Kampf gegeneinander, ebenso wie auf der anderen Seite des Baches Mann und Frau im Streit miteinander. Susan erkennt augenblicklich, dass das Gefecht der beiden Tiere auf Zuneigung basiert. David hingegen mag der Harmonie keinen Glauben schenken. Sein Misstrauen in Verbindung mit der Angst um seinen "Knochen" – der Film verdichtet die Metaphern hier enorm – deutet auf eine ähnliche Angst vor Enttäuschung hin wie bei Peter Warne in Capras *It Happened One Night*, der sich aus Furcht vor der eigenen Verletzlichkeit Ellie gegenüber nicht öffnen konnte.

Ungleich den Tieren kontrolliert David seine Gefühle und verschließt sich vor Susan. Das Animalische hingegen wird durch das gemeinsame Balgen von Baby und George,

---

163 *Bringing Up Baby*. 00.25.21-00.25.40.

164 Vgl. ebd. 01.04.14-01.04.44.

165 Vgl. Cavell: *The Pursuits of happiness.* S. 125-126.

welches offensichtlich spaßerfüllt ist, als positiver Wert gesetzt. Erstrebenswert für David ist in der Logik des Films eine Rückbesinnung auf die eigenen Instinkte und Triebe bei gleichzeitiger Abkehr von äußeren Normen und Erwartungen.[166]

Auch besteht die Möglichkeit, den Leoparden als Metapher für Davids Kinderwunsch zu verstehen.[167] Während Alice Swallows ihm diesen Wunsch zu verwehren droht, bringt Susan bereits in Form von "Baby" symbolisch ein Kind in die Beziehung mit. In eine ähnliche Richtung verweisen der Titel des Films und die Vorspannanimationen, die einen Zeichentrickleoparden im Kinderwagen zeigen. Es ist eine Qualität des Films, dass die unterschiedlichen Metaphern so dicht miteinander verwoben sind, dass sie kein restlos eindeutiges Bild ergeben. Bedenkt man, dass David sowohl Susan als auch Nachkommen begehrt, verkörpert der Leopard im gleichen Maße symbolisch die Wunschvorstellungen Davids, die aber zugleich mit der Gefahr korrelieren, welche von der realen Raubkatze ausgeht. Um das zu erreichen, was sich David ersehnt, muss er folglich seine bisherige sichere, aber langweilige Beziehung verlassen und sich auf eine Verbindung einlassen, die deswegen risikoerfüllter ist, weil mehr für David auf dem Spiel steht, nämlich sein persönliches Glück. Dem Film zufolge ist es für den Archäologen notwendig, sich auf eine gewisse Wildheit einzulassen, um sein persönliches Glück zu erlangen.

Mit dieser Forderung einher geht eine große Zahl an Szenen, die tierisches Verhalten beim Menschen abrufen. Nach außen wirken die Protagonisten in solchen Situationen zumeist lächerlich, obwohl sie eigentlich natürlich auf ungewöhnliche Umstände reagieren.[168] So verfolgt David George auf allen Vieren bei der Suche nach seinem Knochen.[169] Susan kriecht, um Zweigen auszuweichen, auf dem Boden hinter David her.[170] Selbst Major Applegate klettert in einem selbstvergessenen Moment über eine nur halb geöffnete Eingangstür.[171] Die Komik solcher Szenen entsteht aus der Differenz zwischen dem Verhalten der einzelnen Personen und ihrem eigentlichen Stand. Wir lachen, weil wir wissen, dass es sich für erwachsene Leute, die dem Bür-

---

166 Vgl. auch Neale und Krutnik: *Popular Film and Television Comedy*. S. 164.

167 Vgl. Olsin Lent: "Romantic Love and Friendship." S. 326.

168 Gehring nennt dies das Prinzip des "automatism". Vgl. Ders.: *Romantic vs. Screwball Comedy*. S. 34-35.

169 Vgl. *Bringing Up Baby*. 00.46.30.

170 Vgl. ebd. 01.02.37.

171 Vgl. ebd. 00.48.15.

gertum angehören, nicht schickt, über Hindernisse zu klettern oder mit Hunden fangen zu spielen.[172] Die Differenz zwischen Filmszene und unserem kulturellem Wissen wirkt in diesem Fall komisch.[173] Gehring bezeichnet diesen Zustand als "sophisticates gone silly"[174], allerdings weist deren Verhalten nicht nur alberne, sondern durchaus tierische und kindliche, weil spielerische, Faktoren auf. Im Fall von *Bringing Up Baby* liegt es somit nahe, vom Ausbruch der Gezähmten aus ihrer Domestizierung zu sprechen. Die einzelnen Protagonisten vollziehen durch ihr albern anmutendes Verhalten eine Bewegung in Richtung eines Urzustandes jenseits gesellschaftlicher Normen. Bewertet man dieses Verhalten aus einer – um die Begrifflichkeit Wartenbergs zu benutzen – sozialen Perspektive, erscheint es unangemessen. Die Figuren haben aber offensichtlich Spaß, beziehungsweise es entsteht über die Gesamtdauer des Films kein Schaden für sie, sondern ihr ungezügeltes Verhalten wird belohnt. Daher erscheint ihr Handeln unter einer romantischen Perspektive erstrebens- oder sogar nachahmenswert. Der Film propagiert folglich durchgehend eine Abkehr von normativ geprägten Verhaltensformen zugunsten ursprünglicher/kindlicher/tierischer Verhaltensmuster,[175] bei deren filmischer Kodierung der Wechsel zwischen unterschiedlich semantisierten Räumen ein wesentlicher Bestandteil ist.[176] Die gemeinsame Reise Davids und Susans aus der Stadt nach Connecticut stellt eine fluchtartige Bewegung vor dem Einfluss sozialer Regeln dar, die sich bis zur gemeinsamen Jagd nach Baby ohne gesellschaftliche Beaufsichtigung fortsetzt.

In anderen Filmen des Genres wird diese Bewegung aus der Zivilisation in die Wildnis noch deutlicher dargestellt. In James Foleys oben bereits erwähntem *Who's That Girl* muss Louden Trott dem exzentrischen Millionär Bell eine Wildkatze zustellen. Dessen Anwesen liegt – anders als in *Bringing Up Baby* – zwar mitten in New York, allerdings stellt es einen Extremraum dar.[177] Besagter Millionär hat sich auf dem

---

172 Vgl. Gehring: *Romantic vs. Screwball Comedy.* S. 32.

173 Vgl. zum Begriff des 'Kulturellen Wissens' die Ausführungen in Titzmann, Michael: *Strukturale Textanalyse*. München 1977. S. 263-321.

174 Gehring: *Romantic vs. Screwball Comedy.* S. 7.

175 Vgl. auch Neale und Krutnik: *Popular Film and Television Comedy*. S. 152.

176 Vgl. Lotman: *Die Struktur literarischer Texte.*

177 Vgl. die Ausführungen in Renner, Karl Nikolaus: "Grenze und Ereignis. Weiterführende Überlegungen zum Ereigniskonzept von J.M. Lotman." In: Gustav Frank und Wolfgang Lukas (Hg.):

Dach seiner Wohnung eine Art privaten Wildpark eingerichtet: "You're not going to find a better Brazilian rainforest anywhere on the Upper Westside."[178] Es ist offensichtlich, dass die Katze zu Paarungszwecken hierher gebracht worden ist, und auch Bell scheint sich wortwörtlich eine Art Gespielin in seinem Regenwald zu halten. Die erotische Kraft dieses Raumes ist maßgeblich mit dafür verantwortlich, dass auch Louden und die schräge Nikki zueinander finden. Folgerichtig ist Louden am nächsten Tag, nach erneutem Eintritt in den sozial geprägten Raum der Großstadt, bereits wieder darauf bedacht, sich mit seiner Verlobten zu verheiraten. Außerhalb der Wildnis erscheint eine so ungleiche Partnerschaft wie die von Nikki und ihm nicht wahrscheinlich.[179] Instinktives Handeln ist in einem von Normen regulierten Raum wie der Großstadt offensichtlich nicht möglich.

Der Aspekt der Wildnis spielt in *What's Up, Doc?*, auch wenn sich an Judys Charakter eine große Triebgesteuerheit offenbart, hingegen keine so explizite Rolle. Zu beobachten ist allerdings ebenfalls eine Bewegung aus normativ geprägten Räumen hinaus zum Zweck der erotischen Annäherung. So kommt es zwischen Howard und Judy zum ersten Kuss in dem noch im Umbau befindlichen Dachgeschoss des Hotels Bristol – einem sozusagen noch nicht vollständig domestizierten Raum.[180]

5.5 Katalysatoren und Reifung

Erst von sozialen Zwängen befreit wird sich der Mann seines eigenen Begehrens bewusst und unterscheidet sich hierin massiv von den weiblichen Figuren. So hat Susan bereits frühzeitig begriffen, dass sich hinter ihren Streitereien mit David keine Ab- sondern Zuneigung verbirgt:

Norm – Grenze – Abweichung. Kultursemiotische Studien zu Literatur, Medien und Wirtschaft. Michael Titzmann zum 60. Geburtstag. Passau 2004. S. 357-381.

178 Vgl. *Who's That Girl* 01.06.05-01.09.06.

179 Vgl. Rowe Karlyn, Kathleen: "Comedy, Melodram, and Gender: Theorizing the Genres of Laughter." In: Krin Gabbard und William Luhr: *Screening Genders*. New Brunswick 2008. S. 155-167. Hier: S. 160.

180 Vgl. *What's Up, Doc?* 00.53.11.

Susan:	What would you say about a man, who follows a girl around and then, when she talks to him, he fights with her.
Dr. Lehman:	Is the young man your fiancee?
Susan:	Oh no, I don't know him. I never even saw him before today. No, he just follows me around and fights with me.
Dr. Lehman:	Well, the love impulse in men very frequently reveals itself in terms of conflict.
Susan:	The love impulse!
Dr. Lehman:	Without me knowing anything about it, my rough guess would be that he has a fixation on you.[181]

Auf den Mann und seine Gefühlswelt wirken die ungezähmten Frauen als Katalysator, der die Entwicklung anderer Charaktereigenschaften und Emotionen fördert. Bezeichnend ist, dass sowohl David als auch Howard über weite Strecken der jeweiligen Filmhandlung mit anderen Namen angesprochen werden oder förmlich dazu genötigt werden, andere Rollen zu spielen. Muss David noch aufgrund seines desolaten Auftritts in Susans Morgenrock seine eigentliche Identität gegenüber deren Tante verschleiern und sich als Mr. Bone ausgeben, nennt Judy Howard ohne ersichtlichen Grund und aus reiner Freude an der Scharade 'Steve'.[182] Diese Rollenspiele sind in beiden Filmen von wesentlicher Bedeutung für die Etablierung der neuen Partnerschaft:

> The screwball comedy also used role-playing to show how the companionable relationship emerged from separate, often hostile, identities. By playing fictional characters, the screwball characters freed themselves of their original personalities, expectations and value systems. Experimenting with other identities allows them to grow together.[183]

Über diesen beziehungsfördernden Aspekt hinaus eröffnet sich durch das Verkörpern einer anderen Rolle des Weiteren eine bislang ungenutzte Möglichkeit für das Individuum: Mit dem anderen Namen in Verbindung steht im Falle beider Protagonisten ein anderes Leben, welches – zunächst von der Frau erfunden – sich später immer mehr in der Realität Bahn bricht. Ist Judys Erzählung von ihrem und Howards

---

[181] *Bringing Up Baby*. 00.11.24-00.11.49.

[182] Vgl. *What's Up, Doc?* 00.12.56.

[183] Olsin Lent: "Romantic Love and Friendship." S. 323.

angeblichem gemeinsamen Flugabenteuer noch maßlos übertrieben und kaum zu glauben,[184] ist die finale Verfolgungsjagd, in die beide schließlich geraten, nicht weniger aufregend.[185] Kann Howard Bannister zur Mitte des Films nicht einmal seine Fliege selber binden, setzt er sich letztlich sogar gegen brutale Gangster zur Wehr. Durch die neue Frau an seiner Seite wird er dazu genötigt, verkümmerte Charaktereigenschaften wieder zu kultivieren. Diese Entwicklung wird in *Bringing Up Baby* noch deutlicher: David Huxley hat anfänglich vor dem zahmen Leoparden Angst, nichtsdestotrotz schwindelt Susan ihrer Tante vor, David sei Großwildjäger – ein alternativer Identitätsentwurf, dem die Realität sich mit der Zeit annähert.[186] Als sich Susan vom wilden Leoparden bedroht in Lebensgefahr befindet, stellt sich David schützend vor sie und bändigt die Wildkatze.[187] Sinnbildlich für Davids Entwicklung steht der Ausspruch seiner Verlobten, als diese sich von ihm trennt: "Well there is nothing else I can say. Except that I'm glad that before I married you, you showed yourself up in your two colors. You're just a butterfly."[188] Nahm David in der ersten Szene des Films noch die Haltung des 'Denkers' ein,[189] hat er dank Susan diesen statischen Zustand letztlich überwunden. Ein geeigneter Partner für Susan zu sein bedeutet jedoch automatisch Inkompatibilität mit Alice Swallows. Shumway bezeichnet diesen Vorgang als Symptom einer triadischen Struktur, in der bei drei Personen durch das Entstehen einer Partnerschaft in der 'Screwball' unweigerlich immer eine Figur ausgeschlossen werden muss.[190] In Anbetracht der Freudlosigkeit der ursprünglichen Beziehung handelt es sich allerdings weder für Alice noch für David um einen großen Verlust.

Der Logik des Films zufolge ergibt sich bei einem entsprechend gefestigten Charakter die richtige Beziehung von selbst. Das ungleiche Liebespaar fordert von seinen Partnern aufgrund der unterschiedlichen Persönlichkeit der Liebenden eine Erforschung des jeweils eigenen Charakters – ein Vorgang, der für die vorherige Bezie-

---

[184] Vgl. *What's Up, Doc?* 00.28.51-00.29.35.

[185] Vgl. ebd. 01.03.01-01.12.54.

[186] Vgl. *Bringing Up Baby*. 00.46.20.

[187] Vgl. ebd. 01.32.00-01.33.08.

[188] Ebd. 01.33.29-01.33.37.

[189] Vgl. auch die Ausführungen Cavells zur Ähnlichkeit in Davids Haltung mit der Skulptur Rodins in: Cavell: *The Pursuits of happiness*. S. 117.

[190] Vgl. Shumway: *Modern Love*. S. 90.

hung nicht nötig war oder sogar von ihr unterbunden wurde. Das "Auskämpfen von Koexistenzformen"[191] beschränkt sich folglich nicht nur auf das gemeinsame Leben in einer Partnerschaft, sondern darüber hinaus ebenfalls auf den inneren Kampf bei der Persönlichkeitsentwicklung des Protagonisten. Es bleibt festzustellen, dass sich auf diese Weise die ungleichen Partner gegenseitig ergänzen und somit beide Partner von der Beziehung symbiotisch profitieren.[192]

5.6. Komplementäres Beziehungsideal

Es zeigt sich anhand beider Filme, dass sich das ungleiche Liebespaar in der 'Screwball Comedy' nicht notwendigerweise nur in äußeren Kategorien wie der sozialen Herkunft unterscheiden muss. Von größerer Bedeutung sind ideologische Unterschiede wie der zwischen Emotionalität und Rationalität.[193] Tamar Jeffers McDonald erkennt zwar in der Konstellation Streisand/O'Neil ein ethnisch ungleiches Liebespaar, da Judy als Jüdin und Howard als WASP sich in ihrer Religion unterschieden,[194] jedoch erscheint diese Kategorisierung unwahrscheinlich, weil zum einen der Glaube der Protagonisten zu keinem Zeitpunkt des Films thematisiert wird und da zum anderen McDonalds Mutmaßung nur auf ihrem Wissen über die Schauspieler und nicht auf dem über die Figuren basiert. Nicolas Laham konzentriert sich seinerseits auf die Ungleichheit der Beziehungen in Bezug auf den akademischen Status der jeweiligen Partner. Er kommt zu dem Ergebnis, dass in 'Screwball Comedies' Bourgeoisie und Intelligenz miteinander vereint würden.[195] Aus dieser Annahme schließt er, dass das Akademikertum aufgewertet werde. Eine Vermutung, der die Mehrzahl obiger Beobachtungen zuwiderlaufen. Beispielsweise zerstört Susan das Ergebnis von Davids Arbeit, stellt zugleich aber dessen privates Glück wieder her. Der wissenschaftliche Ernst wird den Protagonisten ausgetrieben und nicht etwa aufgewertet. Bezeichnend ist in dieser Hinsicht ebenfalls der folgende Dialog aus *What's Up, Doc?*:

---

191 Wulff: "Screwball Comedies."

192 Vgl. Olsin Lent: "Romantic Love and Friendship." S. 314.

193 Vgl. ebd S. 315.

194 Vgl. McDonald: *Romantic Comedy.* S. 36.

195 Vgl. Laham: *Currents of Comedy on the American Screen.* S. 37.

Hugh:	Don't touch me, I'm a doctor.
Judge Maxwell:	Of what?
Hugh:	Music
Judge Maxwell:	Can you fix a hi-fi?
Hugh:	No, sir.
Judge Maxwell:	Then shut up![196]

Bogdanovichs Film macht sich hier nicht nur über die akademische Arroganz des Musikologen, sondern auch über den geringen Alltagswert seiner Forschung lustig. Von einer Aufwertung der Wissenschaft durch einen der beiden Filme zu sprechen, scheint spätestens beim Betrachten dieser Passage unangemessen.

Eine wesentliche Tendenz beider Filme ist vielmehr die größere Psychologisierung der Figuren. Die vermehrten Albernheiten und Slapstickeinlagen in *Bringing Up Baby* und *What's Up, Doc?* mögen den Eindruck von Banalität vermitteln, jedoch diskutieren beide Filme in einem größeren Maße als beispielsweise *It Happened One Night* körperliche und erotische Bedürfnisse des Menschen in einer Beziehung. Die Korrelation von Asexualität und Unzufriedenheit wird in Capras Film zu keinem Zeitpunkt so explizit angesprochen wie in den beiden späteren Filmen; bei Capra wird mit Sexualität eher kokettiert, beziehungsweise sie wird in der Schlussszene, wenn die "Mauern von Jericho" fallen, als Zeichen für eine vollständige Beziehung gesetzt. Sexualität selbst wird jedoch nicht zum Thema eines Diskurses wie bei Hawks und Bogdanovich.

Teil des filmischen Programms sind speziell die Etablierung von neuen Figurentypen wie dem männlichen "Antihero",[197] der sich durch Lebensunfähigkeit und Frustration in seiner momentanen Bindung auszeichnet, und der weiblichen Naturkatastrophe, die unaufhaltsam über den Mann hereinbricht. Die Ausrichtung beider Figurentypen an ihrer Funktion soll nicht darüber hinwegtäuschen, dass die Protagonisten je nach Qualität des Films ein durchaus komplexes Innenleben besitzen. Im Falle von *What's Up, Doc?* liegt der Fall etwas anders: Sind David Huxley, Susan Vance und Howard Bannister fest sozial verwurzelt, wirkt Judy Maxwell seltsam von jeglichem Umfeld losgelöst. Aus diesem Grund fällt es schwer, ihrer Person andere Ziele außer der Eroberung Howards zuzuschreiben. Susan fühlt sich bei aller Zuneigung zu David

---

196 *What's Up, Doc?* 01.20.31-01.20.36.

197 Gehring: *Romantic vs. Screwball Comedy.* S. 7.

immer noch ihrer Tante gegenüber verpflichtet und trägt Sorge für deren Leoparden. Judy gewinnt hingegen aus ihrer Eindimensionalität eine enorme Dynamik, da ihrem persönlichen Begehren keine inneren Konflikte im Wege stehen. Auf diese Weise stellt *What's Up, Doc?* ihre Funktion als Katalysator zur Schau und deutet auf diese Weise eine wesentliche Tendenz in der Figurenentwicklung innerhalb der 'Screwball' an.

Unabhängig davon wird an beiden Filmen die Propagierung einer neuen Beziehungsform deutlich, deren Maßstäbe anders gelagert sind als in anderen romantischen Komödien:

> The image of the ideal male/female relationship that emerged from these and other screwball comedies is one that emphasized multiple levels of interaction and satisfaction: the couple was sexually attracted to each other, had fun together, shared adventures, and developed a singular mode of discourse – all of which resulted in the completion of each person by the complementary characteristics of the other.[198]

Die Selbsterkenntnis des Einzelnen durch den richtigen Partner spielt hierbei eine ebenso große Rolle wie die Freiheit zur persönlichen Entfaltung in einer Partnerschaft. Mit diesen Forderungen einher geht ein verändertes Frauenbild, das einerseits zwar die Frau als gleichberechtigte romantische Partnerin des Mannes versteht, andererseits aber die Heirat immer noch als das höchste erstrebenswerte weibliche Ziel erkennt und somit der Frau, sobald sie in eine Beziehung eintritt, den Platz zu Hause am Herd zuschreibt.[199]

5.7 'Spoofing' als intertextueller Dialog

Bemerkenswert ist, dass beide Filme in intertextuellen Dialog mit anderen Filmen treten. Am Ende von *Bringing Up Baby*, als beinahe sämtliche Protagonisten im Gefängnis eingeschlossen sind, beginnt Susan, sich eine Räuberpistole auszudenken, um ausbrechen zu können. Huxleys verzweifelter Kommentar "Constable, she is making all this up out of motion pictures,"[200] verweist innertextuell auf den mangelnden Wahrheitsgehalt von Susans Erzählung, betont jedoch zugleich den artifiziellen Status des Films *Bringing Up Baby*. Nichts anderes als ein Kinofilm ist schließlich

[198] Olsin Lent: "Romantic Love and Friendship." S. 330.

[199] Vgl. ebd. S. 318.

[200] *Bringing Up Baby*. 01.25.48-01.25.51.

Hawks' Komödie. Der Film verortet sich somit in einem medialen Diskurs und stellt seine Fiktion der anderer Filme gegenüber. Hat an besagter Stelle die Vorstellung Susans den Sinn, sich insbesondere über die Gangsterfilme der 30er Jahre und deren Tonfall lustig zu machen, wird anhand von *What's Up, Doc?* offensichtlich, wie die 'Screwball' filmisch generierte romantische Idealvorstellungen durch 'Spoofing' diskutiert und demontiert:

> The close of Bogdanovich's *What's Up, Doc?* provides a modern-era take on this phenomenon. With batting eyes, Streisand tells O'Neal, "Love means never having to say you're sorry," which is the signature line from the schmaltzy box-office smash *Love Story* (1970), which also starred O'Neal. The actor's *What's Up, Doc?* comeback, "That's the dumbest thing I ever heard," is the perfect spoof of the earlier picture.[201]

Direkt formuliert der Film die Frage danach, was wahre Liebe eigentlich ausmacht, indem er die kitschige Proklamation von *Love Story* negiert. Es wird zwar keine Antwort formuliert, jedoch hat der Verlauf der Handlung bereits deutlich gemacht, dass von klassischen Beziehungsvorstellungen Abstand zu nehmen sei. Die Verbindung von Judy und Howard ist ebenso unorthodox wie die zwischen Susan und David und basiert auf Maßstäben, die sich stark von denen des romantischen Kinos unterscheiden. So ist sowohl in *Bringing Up Baby* als auch in *What's Up, Doc?* insbesondere die sexuelle Anziehung dafür verantwortlich, dass sich die Männer für eine andere Partnerin entscheiden:

> The dominant spiritual ideal of love of the Victorian period was replaced in the first decades of this century, by a concept of true love that combined sexual fulfillment and idealized solidarity. This sexualisation of love obviously affected discourses of romantic love even in cases as screwball comedy, in which the sexual drive was not represented in direct fashion but in more metaphoric or displaced ways.[202]

Die sexuelle Attraktion ist jedoch, wie bereits dargestellt, nur ein einzelner Aspekt,[203] der ebenso zum gemeinsamen Vergnügen des ungleichen Paares beiträgt, wie das Rollenspiel oder weitere unernste Betätigungen. All diese Faktoren sorgen für eine sukzessive Befreiung des männlichen Protagonisten von seiner schädlichen

[201] Gehring: *Romantic vs. Screwball Comedy.* S. 60-61.

[202] Evans, Peter William und Deleyto, Celestino: "Surviving Love." In: Dies. (Hg.): *Terms of endearment. Hollywood romantic comedy of the 1980s and 1990s*. Edinburgh 1998. S. 1-14. Hier: S. 7.

[203] Vgl. Laham: *Currents of Comedy on the American Screen.* S. 38.

Ernsthaftigkeit und Normhörigkeit zugunsten eines emphatischen Lebens in der für ihn richtigen Beziehung.[204] Die Ungleichheit des Paares stellt somit sicher, dass sich beide Partner aufeinander einstellen und in ihrem komplementären Gegenüber neue Aspekte ihrer selbst erkennen, die bis dato verkümmert sind. Eine zentrale Forderung der Screwball-Komödie ist somit die vollständige Ausbildung des Selbst vor beziehungsweise durch den Eintritt in eine Partnerschaft.

Ein wesentliches Merkmal der bis hierher besprochenen Filme und eine allgemeine Tendenz in den Filmen der 30er- und 40er-Jahre ist die meist eingenommene männliche Perspektive. Zwar zeigt die 'Screwball' eine durchaus feministische Tendenz darin, dass die Frau nicht nur optisch begehrt wird, sondern sie auch offensichtlich selber begehrt und ihr somit eine eigene Sexualität zugestanden wird,[205] allerdings sind es vor allem die Männer, die im Fokus der Narration stehen und deren innere Wandlung beschrieben wird. Während durch verschiedene Parallelmontagen in *It Happened One Night* durchaus der Eindruck eines Gleichgewichtes in der Darstellung der emotionalen Entwicklung beider Protagonisten entsteht, verweilt die Kamera sowohl in *Bringing Up Baby* als auch *What's Up, Doc?* deutlich öfter bei den männlichen Protagonisten. Ebenso lässt sich die Reduktion Judys auf ihre Funktion als Katalysator als eine Simplifizierung ihres und somit des allgemein weiblichen Innenlebens lesen. Diese Tendenz verschiebt sich massiv im Verlauf der 80er-Jahre. Mit der vollständig vollzogenen sexuellen Revolution und einer Vielzahl gesellschaftlicher Veränderungen in den Vereinigten Staaten wandelt sich auch die Perspektive auf das Regelwerk einer erfolgreichen Beziehung, wie es das Motiv des ungleichen Paares in der Screwball-Komödie bereitstellt.

---

[204] Vgl. die Ausführungen zum Konzept des emphatischen Lebens in: Wünsch, Marianne: "Das Modell der 'Wiedergeburt' zu 'neuem Leben' in erzählender Literatur 1890-1930." In: Karl Richter und Jörg Schönert: *Klassik und Moderne*. Stuttgart 1983. S. 379-408.

[205] Vgl. Shumway: *Modern Love.* S. 103.

6. Eine weibliche Perspektive: *Desperately Seeking Susan*

Anhand von Susan Seidelmans 1985 entstandenem *Desperately Seeking Susan* lassen sich entscheidende Paradigmenwechsel in Bezug auf Partnerschaftsideale beobachten. Diese Neuerungen sind zum Großteil in wirtschaftlichen, sozialen und vor allem politischen Veränderungen begründet:[206]

> The deindustrialization, high unemployment, and increasing social inequality of the Reagan years were marked by the physical signs of homelessness, disempowerment, and impoverishment that "engulfed many of the central cities" [...]. During the 1980s, despite Reagan-era promises of a "tickle-down-economy," the poor became significantly poorer, and the number of children living in poverty increased dramatically. The mentally ill were released from their institutions – greatly increasing the homeless population – while racial divisions became more apparent and addictive drugs became a major national problem, especially for those of lower socioeconomic status.[207]

Verändertes Themen- und Personeninventar in der 'Screwball' sind als Resultat des beständigen sozialen Wandels zu verstehen. So werden insbesondere zu Beginn der 80er-Jahre die Auswirkungen der sexuellen Revolution, welche das gesellschaftliche Verständnis der Geschlechterrollen stark beeinflusst haben, auf den filmischen Diskurs offensichtlich:

> The romantic comedy of the 1980's, 1990's and early 2000 can be viewed in the light of various responses to renewed assertions of feminism, along with gay rights and other gender-related discourses from the 1960's onwards.[208]

David Shumway beobachtet an den Filmen der 80er im Vergleich zu ihren klassischen Vorbildern die Umkehr von Stilmitteln und eine Qualität der Parodie, die in kulturellen Veränderungen begründet liege und neue Formen der Partnerschaft bevorzuge.[209]

Diesen Veränderungen zum Trotz handelt es sich bei einer Vielzahl der in den 80er Jahren entstandenen romantischen Komödien um Filme, die eindeutig in der Tradition der klassischen 'Screwball Comedy' der 30er-Jahre stehen und die nicht als Teil

---

[206] Vgl. Preston: "Hanging on a Star." S. 233.

[207] Beach: *Class, Language, and American Film Comedy*. S. 181.

[208] King, Geoff: *Film Comedy*. London 2002. S. 57.

[209] Vgl. Shumway: *Modern Love*. S. 103.

eines neuen Subgenres missverstanden werden dürfen.[210] *Desperately Seeking Susan* demonstriert seine Verbundenheit zu den Komödien der klassischen Ära durch zahlreiche Anspielungen. Unter anderem verweist der Vorspann in einem Schönheitssalon explizit auf den Beginn von George Cukors *The Women* und in einer der letzten Szenen steht ein Claudette-Colbert-Aufsteller im Hintergrund.[211]

6.1 Yuppies in New Jersey

Mit der Verschärfung gesellschaftlicher Unterschiede in der Reagan-Ära geht die Ausprägung neuer sozialer Schichten einher. Bezeichnend für die 80er Jahre ist das Entstehen des Yuppietums innerhalb der oberen Mittelschicht. Die filmische Darstellung des "young, urban, upwardly mobile professional"[212] ist durch seine Fixierung auf materiellen Reichtum und Statussymbole gekennzeichnet. Ironisch verkörpert der Yuppie auf diese Weise die sozialen Ängste vieler Amerikaner vor Abstieg und Armut in den 80er und 90er Jahren.[213] In der Screwball-Komödie lässt sich die narrative Funktion des Yuppies mit der vormaligen des Akademikers vergleichen. Es handelt sich auch bei ihm um einen Spezialisten, der zumeist hervorragend bezahlt, ein streng Normen untergeordnetes Leben führt:

> For yuppies and pseudo-yuppies alike, the most important status symbols were cultural commodities rather than consumer products. Yuppies were urban rather than suburban in lifestyle and orientation, and they were generally well informed about current trends in culture and the arts. Although they may have worked as stockbrokers, accountants, lawyers, advertising executives, publishing editors, computer programmers, and investment bankers, they were as likely to collect art, discuss books and films, and participate in urban nightlife as to buy expensive cars and homes.[214]

Roberta und ihr Ehemann Gary entsprechen in *Desperately Seeking Susan* diesen Yuppie-Klischees. Garys Erfolg als Whirlpoolverkäufer ermöglicht dem Paar einen hedonistischen Lebensstil im suburbanen New Jersey zwischen Schönheitssalons, Swimmingpools und Hauspartys. Seine Fixierung auf beruflichen Erfolg und die Biederkeit beider Partner in Stil und Verhalten entsprechen der Lebensart der vorstäd-

---

210 Vgl. Río: "Something Wild: Take a walk on the wild side." S. 76.

211 Vgl. *Desperately Seeking Susan*. 01.31.32. und Shumway: *Modern Love*. S. 104.

212 Beach: *Class, Language, and American Film Comedy*. S. 179.

213 Vgl. ebd.

214 Ebd. S. 180.

tischen Bourgeoisie.[215] Ihr Leben verläuft ohne Überraschungen in geregelten Bahnen und selbst Garys Affäre mit einer Freundin ist so leidenschaftslos, dass sie keine Gefährdung für die Ehe der beiden darstellt.

6.2 Ungezogene und domestizierte Frauen

Antagonistisch zu Garys und Robertas vorstädtischer Welt steht Susans unkonventioneller urbaner Lebensentwurf.[216] Durch die filmische Inszenierung dieses Gegensatzes in Form von Parallelmontagen stellt sich jedoch zeitgleich zur Abgrenzung der Lebensstile von Roberta und Susan von einander der Eindruck einer besonderen Verbundenheit zwischen den beiden gegensätzlichen Frauen ein:

> Roberta Glass is the quintessential good girl: she is white, married, obedient, well-off, and she displays little autonomy or sexual sophistication. Susan, on the other hand, is the classic *bête noire*. She is single and promiscuous and dresses like a "slut – in black lingerie, garters, and junk jewelry. She carries a valise decorated with skulls. She operates on the boundary of the law – engaging in one-night stands with mobsters, becoming embroiled in theft and murder plots. She is also an inveterate con woman: breaking into public lockers, imposing on her friends, failing to pay her bills, lying incessantly. The two opposing women in *Desperately* are also seen as Doppelgängers.[217]

Susans Unabhängigkeit im Vergleich zu Roberta zeigt sich insbesondere bei der eigenen Körperpflege. Während Roberta in einem Schönheitssalon gestylt wird, gönnt sich Susan nach überstandener Busfahrt nur eine kurze Morgentoilette.[218] Entscheidend ist weniger der betriebene Aufwand für das persönliche Erscheinungsbild als vielmehr der Zweck des selbigen. Während Susan simple aber notwendige Körperhygiene betreibt, wird Roberta nicht für sich selber, sondern für ihren Ehemann zurechtgemacht:

---

215 Vgl. ebd. 183.

216 Vgl. ebd.

217 Fischer, Lucy: "The Desire to Desire: Desperately Seeking Susan." In: Peter Lehman (Hg.): *Close Viewings. An Anthology of New Film Criticism*. Tallahassee 1990. S. 200-214. Hier: S. 204.

218 Vgl. *Desperately Seeking Susan*. 00.09.06-00.09.51.

Adrian:	Roberta, the look is you.
Roberta:	I just really wanted a trim.
Leslie:	No, this is your birthday present. I want to give you something different. Adrian, give her something different, nothing weird.
Adrian:	Don't worry. Her husband will love it.[219]

Die Ausrichtung ihres eigenen Äußeren auf die Vorlieben ihres Mannes deutet daraufhin, dass auch Roberta selbst für Gary nur den Stellenwert eines Statussymbols hat, also ein Zeichen seines Erfolges ist. Ihr Äußeres wird dabei genauso durch ihren Ehemann verplant, wie ihr Tagesablauf.[220] Im Gegensatz zur ungezogenen Susan handelt es sich bei Roberta um eine domestizierte Frau, die von ihrem Gatten zu Hause am Herd gehalten wird.

Offensichtlich unerfüllt ist auch Robertas Liebesleben mit Gary. Von seiner Schwester gefragt, ob er Roberta sexuell befriedige, reagiert Gary mit Unverständnis und ist peinlich berührt – eine Reaktion, die darauf hindeutet, dass ihm die Bedürfnisse seiner Frau im Bett entweder egal oder unbekannt sind:

Leslie:	Gary, let me ask you something.
Gary:	What?
Leslie:	Does Roberta have orgasms? I mean, did she have them with you?
Gary:	Orgasms?
Leslie:	You have heard of them, haven't you? Maybe the reason she left you was because you weren't satisfying her.
Gary:	Leslie, not everybody is obsessed with orgasms![221]

Roberta befindet sich in einer ähnlichen Situation wie David Huxley und Howard Bannister. Waren deren Beziehungen noch ungesund auf ihre Arbeit statt auf ihr Gefühlsleben ausgerichtet, bietet sich Roberta in ihrer eigenen Beziehung weder die Chance auf emotionale noch professionelle Selbstverwirklichung. Ironisch macht sich der Film durch einen Kommentar Susans über Robertas Lebensumstände lustig:

---

219 Ebd. 00.01.40-00.01.50.

220 Vgl. ebd. 00.10.44.

221 Vgl. ebd. 00.40.48-00.41.05.

Von einer Freundin mit "We all thought you were dead.", auf ihre Abwesenheit angesprochen, kontert diese: "No, just in New Jersey."[222] Der emotionale Stillstand Robertas wird auf diese Weise explizit mit ihrem Lebensraum in 'Suburbia' korreliert. Aufregung und ein neues Leben verspricht – anders als in der klassischen 'Screwball' – die Großstadt New York.[223] Es handelt sich hierbei um eine von vielen Neuerung in *Desperately Seeking Susan*, die sowohl die Verbundenheit des Films mit seinen Vorgängern als auch seine Distanz zu diesen betonen. Wesentlich von seinen klassischen Vorbildern unterscheidet sich Seidelmans Film dadurch, dass er eine weibliche Perspektive einnimmt:

> Roberta, a woman, is the central character, and it is she (not a male hero) who experiences a significant "transformation." Furthermore, whereas a figure like Susan might have typified the "obstacle" in a classical text (like a *film noir*), here she is no such thing. Rather, she is the means toward Roberta's liberation from the real obstacle, Gary and his bourgeois life.[224]

Das Leben, welches Gary sich und Roberta ermöglicht, ist zwar sorgenfrei, aber langweilig. Robertas innere Unzufriedenheit resultiert aus diesem Zustand und steht zugleich im Gegensatz zu ihrem äußeren Erscheinungsbild.

6.3 Verzweiflung und Voyeurismus

In einem Umfeld, in dem materielle Güter wie ein möglichst großer Whirlpool für seelische Zufriedenheit einstehen, erscheint Robertas Verzweiflung über ihr Leben unwahrscheinlich, wenn nicht sogar unerhört:

Roberta:	Desperate. I love that word. It is so romantic.
Leslie:	Everybody I know is desperate except you.
Roberta:	I'm desperate.
Leslie:	You? (*lacht*)
Roberta:	Well... sort of.[225]

Die einzige Möglichkeit für Roberta ihrem Leben Würze zu geben, ist die emotionale Teilnahme an Susans Beziehung zu Jim durch die Kontaktanzeigen, welche die bei-

---

222 Ebd. 00.11.36.-00.11.

223 Vgl. Shumway: *Modern Love.* S. 105.

224 Fischer: "The Desire to Desire." S. 207.

225 *Desperately Seeking Susan*. 00.02.16-00.02.29.

den einander schicken. Roberta sehnt sich nach der Form von Zuneigung und Leidenschaft, die aus Jims Texten spricht und die ihr in ihrem eigenen Leben niemand entgegenbringt.[226] Um zu verstehen, wie jemand auf eine Weise wie Susan begehrt werden kann, muss Roberta verstehen, wer Susan eigentlich ist. Der Titel der Anzeigen – *Desperately Seeking Susan* – wird für sie zum Programm: Roberta sucht verzweifelt nach Susan. Die Jagd nach einer realen Person steht dabei metaphorisch für Robertas Suche nach der Susan in sich selber, nach einer Roberta, die sich an ihre Träume nicht nur zu erinnern versucht, sondern sie auch auslebt:

> In seeking Susan, however, Roberta finally finds a dramatic protagonist to whom she can relate and [...] when she locates her, she tries to enter the fictional world. Significantly, she identifies with the "wrong" woman: rather than a good girl – figured on screen for her moral edification – she chooses a bad.[227]

Liest Roberta zunächst nur Susans Anzeigen, folgt sie ihr alsbald durch New York und schlüpft nach ihrem Gedächtnisverlust schließlich vollständig in Susans Rolle. Dass Roberta bei der Verfolgung Susans durch die Straßen in die Position eines voyeuristischen Zuschauers versetzt wird,[228] ist als selbstreflexives Element zu verstehen, welches zum einen den Modellcharakter Susans für Roberta aber zugleich auch die Vorbildfunktion von Roberta für das Kinopublikum betont. Roberta nimmt ihr Leben in die eigene Hand, indem sie jene Form romantischer Fantasie sucht, die zumeist das zentrale Thema von Screwball-Komödien ist.[229] Der Zuschauer wird Zeuge dieses Vorgangs und erhält auf diese Weise Impulse für sein eigenes Leben.

Robertas Verwandlung zu Susan verläuft dabei in verschiedenen Etappen, die alle Teil des typischen Screwball-Repertoirs sind, hier jedoch neu gewendet werden. So trägt Roberta Susans alte Jacke auf – verkleidet sich sozusagen –, bevor sie schließlich in einer Form des unbewussten Rollenspiels vollständig Susan verkörpert.

6.4 Bourgeoisie und Bohème

Robertas Amnesie hat sowohl zur Folge, dass sie aus ihrem monotonen Leben herauskatapultiert wird, als auch dass – zumindest temporär – ebenfalls ihr Ehe-

---

[226] Vgl. ebd. 01.16.39-01.16.53.

[227] Fischer: "The Desire to Desire." S. 206.

[228] Vgl. ebd. S. 205.

[229] Vgl. Shumway: *Modern Love*. S. 104.

mann Gary aus seiner Lethargie erwacht. Es entstehen durch die Suche Robertas nach ihrer eigenen Erinnerung und der Jagd Garys auf seine Ehefrau zwei ungleiche Interessensgemeinschaften, die auch erotische Aspekte aufweisen:

> By using the device of amnesia and mistaken identity, the film greatly complicates the typical narrative structure by proliferating the triangular relationships. In fact, one could understand this film as "coupling" almost everyone with almost everyone else at least for a brief moment. This constitutes, of course, the particular zaniness of *Desperately Seeking Susan*, but it also serves to create erotic tension by thrusting various characters together and then keeping them apart.[230]

Die Paarungen Roberta/Dez und Gary/Susan sind jeweils vom Gegensatz zwischen bourgeoisem und bohemianen Lebensstil gekennzeichnet. Die Ungleichheit von Dez und Roberta ist dabei nur dem Publikum bewusst, da beide Partner Roberta für die kleinkriminelle Susan halten. Sowohl Roberta als auch Gary wird durch die neuen Gefährten die Begrenztheit ihrer momentanen Leben aufgezeigt. Insbesondere Garys Abrechnung mit seiner eigenen Situation fällt desillusioniert aus:

Gary:	And then you start to think, what's it all about? The big picture, you know what I mean?
Susan:	Sure I do, Gar [sic].
Gary:	I mean there... there's more to life than making money, right? I mean, I know that, I mean...You know how all time comes from a single point in the universe. You know what I mean?
Susan:	No.[231]

Garys Einsicht hält allerdings nicht lange an. Bei allem Interesse, das er durchaus für Susan zu hegen scheint, bleibt die Herstellung des Ausgangszustandes und die Bewahrung seines Status' quo mit Roberta an seiner Seite sein einziges Ziel.[232] Seine Weltsicht ist zu egozentrisch, um sich auf andere Menschen einzulassen, und es verlangt ihn daher auch nicht danach, endgültig aus seinem Leben auszubrechen. Vielmehr gefällt es ihm nicht, dass Roberta aus seinem Leben verschwinden will, ohne dass er dazu sein Placet gegeben hat. Deutlich wird dies, als er sie bittet, wieder mit

230 Ebd.

231 *Desperately Seeking Susan*. 01.07.51-01.08.24.

232 Vgl. ebd. 01.26.03-01.26.12.

ihm nach Hause zu kommen.[233] Auf die Frage, warum er möchte, dass sie wieder zu ihm zurückkehrt, kann Gary Roberta keine Antwort geben, da es, abgesehen von der Normerfüllung, keinen emotionalen Grund für Garys Wunsch gibt. Neben Garys Ego gibt es für Roberta offensichtlich keinen Platz, um sich selbst zu entwickeln.

Roberta entfaltet andererseits in ihrer Zeit ohne Gary völlig neue Aspekte ihrer Persönlichkeit. Ohne Probleme findet sie sich in Susans bohemianer, urbaner Welt zurecht. Sie bekommt einen neuen Job und baut eine Beziehung zu dem als Filmvorführer arbeitenden Dez auf. Die gemeinsame Suche nach den Erinnerungen an das eigentlich fremde Leben Susans gerät dabei zur Selbstevaluation für Roberta. Warum sollte sie nicht all jene Dinge getan haben, die tatsächlich nicht mit ihr, sondern mit Susan in Verbindung stehen?[234]

Offenbar trägt Roberta in sich die Möglichkeit eines anderen, befreiten Lebens, das sie bisher nur noch nicht ausgekostet hat. Die Annahmen über ihr mutmaßliches Vorleben dienen ihr bei der Suche nach sich selbst als Hypothese, auf der sie sich eine vollkommen neue Identität aufbaut. Die revolutionäre Kraft von *Desperately Seeking Susan* entspringt aus der Einfachheit, mit der Roberta der unbewusste Neuanfang gelingt. Ihr glücklicher Zustand steht im direkten Kontrast zu ihrem bislang freudlosen eigentlichen Leben. Die Titel der Selbsthilfebücher, die sie in ihrem Nachttisch aufbewahrt – "How To Be Your Own Best Friend", "I'm OK – You're OK", "Dr. Ruth's Guide To Good Sex" –,[235] geben sowohl Aufschluss über ihre Einsamkeit und fehlende sexuelle Befriedigung, als auch über Robertas Schwierigkeiten sich in ihrer unglücklichen Lebensart selber zu bestätigen. Der Film formuliert durch den Gegensatz zwischen Robertas Identitäten die Frage danach, wie selbstverständlich und alternativlos das Leben, welches zu führen wir uns entschlossen haben, eigentlich ist. Die Anziehung zwischen den beiden eigentlich ungleichen Partnern Dez und Roberta beruht dabei ein weiteres Mal auf dem Überraschungseffekt:

[233] Vgl. ebd. 01.31.47.

[234] Vgl. ebd. 00.41.48-00.44.31.

[235] Ebd. 01.06.00-01.06.11.

Dez:	You know somethin'? You are not at all what I expected.
Roberta:	You're not quite what I expected either.[236]

Unter normalen Umständen wären sich Dez und Roberta wohl kaum jemals begegnet. Unabhängig von der geographischen Distanz zwischen New Jersey und New York trennen die beiden ihre unterschiedlichen Lebensentwürfe. Dank Robertas Amnesie treffen sie nun jedoch frei von Vorurteilen aufeinander. Dez' Annahmen über Roberta basieren schließlich auf seinem Wissen über Susan. Roberta entspricht jedoch weder diesen Erwartungen, noch legt sie das von einer verheirateten Frau aus New Jersey zu erwartende Verhalten an den Tag. Die Unabhängigkeit von sozialen oder politischen Annahmen bildet die Grundlage für eine unbeschwerte Paarbildung. Roberta erweist sich dadurch nicht nur als die ideale Partnerin für Dez, sondern befreit sich darüber hinaus aus ihrem unbefriedigenden Leben. Sie erlangt in dem Moment Zufriedenheit, in dem sie selber unabhängig von ihrem sozialen Status zur handelnden Person wird und sich auf diese Weise aus ihrer Unmündigkeit befreit.[237]

6.5 Eine weibliche Romanze

Roberta findet sowohl eine Beziehung mit Dez, die sich durch emotionale Gleichberechtigung und sexuelle Befriedigung auszeichnet, als auch eine Freundschaft mit Susan, die von zentraler Bedeutung für das ideologische Programm des Films ist:

> The narrative is structured as a romance – though not literally a sexual relationship – of Roberta's about Susan, a romance of identification. It is after all, Susan about whom Roberta is daydreaming as the film opens, and it is *as* Susan that her adventures, her romance, begins. Given the lack of female identification by women in screwball comedies or other Hollywood films, Roberta's identification with Susan must be regarded as a politically significant reversal of convention.[238]

Es ergeben sich mit den Beziehungen Roberta/Dez und Roberta/Susan zwei ungleiche Paare in einem Dreieck, an dessen Spitze Roberta steht. Ihre anfängliche Fixie-

---

236 Ebd. 00.42.51-00.43.00.

237 Vgl. Fischer: "The Desire to Desire." S. 211.

238 Shumway: *Modern Love.* S. 105.

rung auf eine andere Frau,[239] deren Lebensstil sie auch für sich in Anspruch nimmt, führt für Roberta zu einer Abkehr von ihrem vorherigen bourgeoisen Leben zu Gunsten einer attraktiveren, riskanteren aber auch emotional erfüllteren Existenz.[240] In der Beziehung der zwei Frauen zueinander drückt sich sowohl Robertas Sehnsucht nach einem anderen Leben wie auch ihr Wunsch auf die Entwicklung ihrer eigenen Persönlichkeit aus:

> While Roberta eventually regains her memory (and with it her true identity) she is significantly changed, and it has been her "double" who has facilitated the transformation through a gift of persona. Thus Roberta has desperately sought not only Susan but she has desperately sought (and found) her *self*.[241]

Der Film propagiert auf diese Weise im Gewand der 'Screwball Comedy' eine Art von weiblicher Demontage patriarchaler Strukturen.[242] Eine Tendenz, die in den Filmen der klassischen Ära ebenfalls vorhanden ist, jedoch eine andere Zielrichtung aufweist. Wenn David Huxley durch Susan Vance seines Status' beraubt wird, dient dies der männlichen Selbsterkenntnis. In *Desperately Seeking Susan* ist hingegen eine Frau der zentrale Protagonist, welcher einen emotionalen Wandel durchläuft und auf diese Weise zu sich selber findet. Wenn Roberta sich von Gary trennt und in eine freundschaftliche Beziehung mit Susan eintritt, stellt dies eine komplementäre Alternative zum heterosexuellen Beziehungsideal dar. Roberta tritt zwar offensichtlich in eine Partnerschaft mit Dez ein, allerdings stellt das letzte Bild des Films die Freundschaft der beiden Frauen zueinander zur Schau.[243] Die zentrale Bedeutung der sexuellen Beziehung wird auf diese Weise negiert. Mit dieser Tendenz einher geht zudem eine Abwertung der Ehe in Bezug auf ihre soziale Funktion:

> In affirming divorce, the film affirms individual freedom over social solidarity. If marriage is no longer understood as the foundation of society, then it is possible for films like this one to exist without seeming subversive to the average viewer. While critique of marriage is

---

[239] Vgl. Fischer: "The Desire to Desire." S. 205.

[240] Beach: *Class, Language, and American Film Comedy*. S. 184.

[241] Fischer: "The Desire to Desire." S. 208.

[242] Vgl. Shumway: *Modern Love*. S. 107.

[243] Vgl. *Desperately Seeking Susan*. 01.35.55-01.36.10

prohibited when marriage and society are identified, we need new ways of envisioning society that do not assume the naturalness of marriage.[244]

Desperately Seeking Susan zerstört auf diese Weise die wesentliche filmische Funktion einer romantischen Verbindung. Steht in der Liebeskomödie die finale Partnerschaft für das Erreichen eines Idealzustandes und persönlichen Glücks,[245] ist Dez nur von der befreiten Roberta in ihrem Leben geduldet. Symbol der inneren Reifung Robertas und eindeutiges Zeichen eines emotionalen Idealzustandes ist vielmehr ihr gemeinsamer Triumph mit Susan – ihrem 'Doppelgänger'.

6.6 Demontage der Fiktion

Diese feministische Modellhaftigkeit demonstriert der Film, indem er seine eigene Fiktionalität betont: Als Dez und Roberta sich zum Abschluss der Handlung küssen, lehnt sich Roberta gegen den Kinoprojektor, die Filmrolle verlangsamt sich, der Film fängt Feuer. Die Kamera springt in den Zuschaueraum.Wir sehen auf der innertextuellen Leinwand in einer Perspektive, die eine Verlängerung unseres extratextuellen Kinosaales in den Film vortäuscht, wie die Filmrolle durchbrennt. Darauf folgt ein weiterer Schnitt: Wir sehen Susan und Jim, die im fiktiven Kino sitzen – die Narration geht wieder ihren gewohnten Gang.[246]

Jene durch die Vermischung von fiktivem und realem Kinosaal kurzzeitig entstehende Irritation ist deshalb entscheidend, weil *Desperately Seeking Susan* sich durch sie selbst als artifizielles Produkt präsentiert und darüber hinaus, weil die Zerstörung des innertextuellen Filmes überblendet in das finale Bild von Susan mit Roberta. Zerstörung und Neubeginn korrelieren auf diese Weise mit dem oben beschriebenen matriachalen Gesellschaftsmodell. Der Aufruf zum sozialen Umbruch weist aus dem Kino heraus in die reale Welt. Nicht umsonst stellt das letzte Bild eine Zeitungsschlagzeile, also ein fiktiv konstruiertes dokumentarisches Produkt dar. Der Film verwischt die Unterschiede zwischen Realität und Fiktion, ohne sie vollständig verneinen zu wollen. Das Bewusstsein des Zuschauers wird für den fiktiven Status des soeben Gesehenen geschärft, ohne dass jedoch die revolutionäre Kraft des Filmes

244 Shumway: *Modern Love.* S. 106.

245 Vgl. McDonald: *Romantic Comedy.* S. 13.

246 Vgl. *Desperately Seeking Susan.* 01.35.21-01.35.55.

geschmälert wird. Vielmehr distanziert sich *Desperately Seeking Susan* demonstrativ durch dieses selbstreflexive Element von vorherigen romantischen Fiktionen und fordert für sich einen anderen Platz im Bewusstsein des Zuschauers.[247]

[247] Vgl. auch Fischer: "The Desire to Desire." S. 212.

7. Das postmoderne Individuum in der 'Screwball': *Something Wild*

Dieses Spiel mit der Medienkompetenz des Publikums ist ein zentraler Bestandteil des postmodernen Kinos.[248] Jonathan Demmes nur ein Jahr später entstandener Film *Something Wild* macht vermehrt von ähnlichen Stilmitteln Gebrauch und ordnet diese im Rahmen einer Screwball-Komödie an.[249] Die Wendung und Brechung bestimmter Screwball-Konventionen durch postmoderne Elemente führt dabei zu großen Veränderungen in der Darstellung und Bedeutung des ungleichen Liebespaares.

7.1 Screwballtradition

Der Plot verläuft anfänglich noch nach einem typischen Screwballmuster: Charlie Driggs, ein spießiger, verklemmter und unbefriedigter Yuppie, wird von der exotischen Lulu aus seinem ihn einengenden Leben regelrecht entführt. Nach einer wilden Liebesnacht und mehreren gemeinsam begangenen kleinkriminellen Delikten, begleitet Charlie Lulu in deren Heimatstadt. Charlie stellt dabei jenes für die 80er typische Yuppie-Pendant des Screwball-Akademikers dar:

> Charlie is the conventional white male, a yuppie stock analyst, who carries an umbrella on a sunny summer day – just in case – owns an estate car and a suburban house, is a little too self-satisfied about his impending job promotion, and leads an utterly predictable and boring life.[250]

Lulu hingegen verkörpert auf geradezu prototypische Weise jene bereits zuvor erläuterte Wildheit der ungezogenen Frau. Sie ist in schwarz gekleidet, benutzt roten Lippenstift, trägt afrikanischen Schmuck und führt Voodoo-Utensilien mit sich: "Lulu is a thoroughly sexualised female whose sexuality is bluntly expressed and coded in terms of the 1960s' liberated and available woman."[251]

---

248 Schreckenberg, Ernst: "Was ist postmodernes Kino? – Versuch einer kurzen Antwort auf eine schwierige Frage." In: David Bordwell u.a. (Hg.): *Die Filmgespenster der Postmoderne*. Frankfurt a. M. 1998. S. 119-130. Hier: S. 126.

249 Vgl. Viano, Maurizio: *Something Wild*. In: Film Quarterly 40 (4, 1987). S. 11-16. Hier: S. 16.

250 Río: "Something Wild: Take a walk on the wild side." S. 78.

251 Ebd. S. 80.

In der ersten Szene des Films, als Charlie sich ohne zu bezahlen aus einem Schnellimbiss herausstiehlt,[252] wird deutlich, dass er das Potential zur Errettung aus der Langeweile bereits in sich trägt, aber jemanden braucht, der ihm dabei hilft, es nach außen zu tragen.[253] "Let me guess. Sometimes you don't pay for your lunch. Or maybe you steal the occasional candy bar or newspaper. You're a closet rebel,"[254] lautet Lulus Einschätzung von Charlie, der durchaus flexibel und offen für Veränderungen ist. Schnell empfindet er Gefallen an Lulus Spielen,[255] deren Quintessenz sich in einem zentralen Ratschlag an ihn zeigt: "You got to stop worrying that much."[256]

7.2 Wer ist Audrey Hankel?

Die Verbundenheit von *Something Wild* mit der 'Screwball Comedy' ist offensichtlich, umso stärker wirkt der Bruch, der den Film durchzieht, auf den Zuschauer. Von dem Moment an, in dem die Protagonisten in Lulus Heimat bei ihrer Mutter eintreffen, vollzieht Lulu eine merkwürdige Verwandlung von der "unruly woman"[257] zum braven Mädchen. Zunächst kleidet sie sich neu ein, verrät Charlie dann, dass ihr eigentlicher Name Audrey ist und wechselt zu guter Letzt sogar ihre Haarfarbe von pechschwarz zu hellblond.[258] Das Leben, welches Audreys Mutter in einem kleinen Vorstadthaus führt, entspricht ebenfalls kaum den Erwartungen, die man als Zuschauer an die Herkunft einer so wilden Frau wie Lulu hat. Nicht umsonst fehlt der "unruly woman" in der Screwball-Komödie eine Mutterfigur.[259] Hierbei handelt es sich um eine Konvention, die sowohl der psychologischen Begründung des ungezügelten Verhaltens der Protagonistin als auch ihrer Mystifizierung dient. *Something Wild* bricht hiermit und demontiert zugleich das Bild, welches er zunächst sorgsam von Audrey/Lulu aufgebaut hat: "Die schwarzhaarige Voodoo-Zauberin aus dem New Yorker Ethno-Schmelztiegel entpuppt sich (scheinbar) als blondes All-American-

---

[252] *Something Wild*. 00.02.47-00.03.45.
[253] Vgl. Viano: *Something Wild*. S. 14.
[254] *Something Wild*. 00.04.32-00.04.44.
[255] Vgl. Viano: *Something Wild*. S. 14.
[256] *Something Wild*. 00.28.23.
[257] Rowe Karlyn: "Comedy, Melodram, and Gender." S. 157.
[258] Vgl. *Something Wild*. 00.30.52, 00.31.30 und 00.35.19.
[259] Vgl. Rowe Karlyn: "Comedy, Melodram, and Gender." S. 162.

Girl vom flachen Land."[260] Charlie versucht ihr zuliebe gegenüber ihrer Mutter Peaches ganz dem Ideal des Schwiegersohns zu entsprechen. Das zur Schau gestellte Familienidyll bestehend aus gemeinsamer Mahlzeit und Kammermusik wirkt im Kontrast zum Anfang des Films seltsam der Realität entrückt und satirisch. Audrey scheint auf einmal ganz den bürgerlich-bourgeoisen Erwartungen ihrer Mutter genügen zu wollen:

Audrey:	He wants a big family, but I think just a boy and a girl would be nice. - Don't you, honey?
Charlie:	Whatever you want, honey..
Audrey:	See, Mama? He's just the kind of man you always said I should marry.[261]

Der Zuschauer scheint sich inmitten eines Rollenspiels zu befinden, das offenbar für Peaches aufgeführt wird. So weit ließe sich das Geschehen mit gängigen Handlungsmustern abgleichen, jedoch verwehrt Demme seinem Publikum diese Option, denn das unmittelbar auf das Abendessen folgende Gespräch zwischen Peaches und Charlie beim Abwasch zerstört das soeben noch konstruierte Bild:

Peaches:	You've got a real wife somewhere, don't you, Charlie?
Charlie:	Uh, well, that's a little complicated, Peaches.
Peaches:	Do you love my daughter?
Charlie:	I just met her recently. It's kinda hard to...
Peaches:	You take care than. She's got some strange notions about life.
Charlie:	Yep, I know.[262]

Das Rollenspiel wird kurzzeitig ausgesetzt; Peaches ist weder eine leichtgläubige Hausfrau, noch im Unklaren über den Lebenswandel ihrer Tochter. Offensichtlich ist sich auch Charlie dessen bewusst. Es stellt sich somit die Frage, für wen die Aufführung eigentlich bestimmt ist und bei welcher Darbietung es sich überhaupt um ein Spiel handelt. Sowohl Charlie Driggs als auch der Zuschauer wissen nicht, wer Audrey Hankel wirklich ist.

---

260 Schirmer, Arnd: "Yuppies Neuer Alptraum." In: *Der Spiegel* 32 (1987). Online verfügbar: <http://www.spiegel.de/spiegel/print/d-13523744.html>. Datum des Zugriffs: 27.02.2010.

261 *Something Wild*. 00.32.38-00.32.49.

262 *Something Wild*. 00.34.59-00.35.19.

Something Wild stellt anders als die klassischen Screwball-Komödien nicht einfach die Ungezähmtheit seiner weiblichen Hauptrolle aus, sondern vielmehr das Potential des Einzelnen dazu, sich selber jeder Situation oder Laune entsprechend völlig frei neu zu erfinden. Der wesentliche Unterschied besteht darin, dass die Wildheit der weiblichen Protagonistin in den Filmen der 30er-Jahre ein unveränderliches Charaktermerkmal ist, während in *Something Wild* diese persönliche Eigenschaft überraschenderweise einfach abgelegt wird. Das Konzept der Figur scheint somit in Demmes Film ein vollkommen anderes zu sein:

> The fact that she "doesn't really exist" may very well be, as we shall see, a symptom of a post-"stop making sense" signification in which the idea of a full fledged subject gives way to a schizo-bricolage. After all, the film celebrates the wildness of not being oneself all the time, since the very notion of *one* self is a common-sensical habit to be stopped.[263]

Die von Audrey vollzogene Entwicklung ist folglich nicht als endgültig, sondern als Symptom ihres hybriden Charakters zu verstehen. Es ist zu untersuchen, ob es sich bei dieser Instabilität des Individuums tatsächlich um eine positive Flexibilität oder ein Defizit handelt, denn nicht nur Lulu weist dieses Potential zur radikalen Veränderung auf: Insbesondere an Charlie wird deutlich, welches Programm *Something Wild* mit seiner Figurenkonzeption verfolgt.

7.3 Wer ist Charlie Driggs?

Eigentlich als Prototyp des steifen Yuppies und verantwortungsvollen Familienvaters eingeführt, der aus seinem Leben herausgerissen wird, bekommt dieses Konzept früh erste Risse: Nachdem Charlie mit Lulu geschlafen hat, ruft er aus dem Motel seine Frau an, um ihr zu sagen, dass er aus beruflichen Gründen nicht nach Hause kommen kann. Auf Lulu wirkt seine Darbietung einer ehebrecherischen Ausrede realistisch, jedoch vernimmt das Publikum, dass Charlie überhaupt nicht mit seiner Frau spricht, sondern am anderen Ende der Leitung nur die Telefonansage erklingt.[264] Irgendetwas stimmt auch mit Charlie nicht und wir erfahren erst nach der Hälfte des Films durch einen Zufall, dass Charlie bereits vor neun Monaten von seiner Frau ver-

263 Viano: *Something Wild*. S. 13.

264 Vgl. *Something Wild*. 00.18.59-00.19.24.

lassen worden ist.[265] Weder Audrey noch Charlie sind das, was sie zu sein vorgeben; ihre uns anfangs präsentierten Leben sind nichts weiter als gespielte Rollen. Charlie, der unter Audreys Einfluss seine Verkrampftheit abgelegt hat, offenbart diese Wahrheit erst als er von Ray, Audreys Mann, dazu gezwungen wird:

Ray:	I know for a fact that your friend here isn't married. His wife left him, because of you.
Audrey:	What? What! Are you out of your mind? I only met him yesterday! How many times do you want me to say it?
Ray:	Tell me, Charlie, when did your wife leave you?
Charlie:	I can't imagine where you heard that, Ray. That's absolutely ridiculous.
Ray:	Tell me, Charlie.
Charlie:	It's not true. I have a wife. I have a family. I have... Forget it.
Ray:	Charlie. [Drückt gegen seine gebrochene Nase.]
Charlie:	Ow! Last September.
Audrey:	Last September? You're a really good liar, Charlie.
Ray:	Oooo-eee! [lacht] Charlie, this is Audrey. Audrey, this is Charlie. Who's shittin' who here? Unbelievable![266]

Ray demaskiert Audrey und Charlie endgültig und beendet die irreführenden Selbstinszenierungen beider Protagonisten. Der Film wirft somit die Frage nach dem persönlichen Konzept von Identität auf. Charlie mag Audrey zwar belogen haben, nichtsdestotrotz hat er selber dieser Lüge entsprechend gelebt. Auch nach neun Monaten Trennung von seiner Familie trägt er das Foto seiner Frau und Kinder mit sich in der Brieftasche, spart für das gemeinsame Weihnachten und verteidigt diese seine private, konstruierte Wahrheit gegenüber Ray, als stünde sein Leben auf dem Spiel.[267] Charlie verliert in dieser Szene nicht nur das Gesicht gegenüber Audrey, sondern er wird durch Ray seiner eigenen sicheren Welt, seines emotionalen Fundamentes beraubt. Ein wesentlicher Teil der Persönlichkeitsentwicklung des männlichen Protagonisten wird in *Something Wild* somit nicht durch die ungleiche Partne-

---

[265] Vgl. ebd. 00.50.20.

[266] Ebd. 01.04.23-01.05.29.

[267] Vgl. ebd. 00.07.54. und 00.12.47.

rin, sondern durch einen anderen Mann ausgelöst, da Charlie durch Rays Intervention dazu gezwungen ist, sich selber neu zu definieren.

7.4 Gewalt und Maskulinität

Im Vergleich zu Charlie besitzt Ray ein stabiles emotionales Fundament, das seiner Figur eine große Dynamik verleiht. Während Lulu und Charlie in ihrer Lebensart eher unstet oder – positiv ausdrückt – flexibel sind, ist Ray sich über seine Gefühle im Klaren, daher beeinflusst sein gefestigter, brutaler Charakter stark den filmischen Tonfall:

> Ray pops up in the middle of the story, forcing a change of mood upon the film and its spectators. He violently reclaims Audrey, brutalizes Charlie and brings about a halo of doom which is all the more effective since the film refuses to make him into the bad guy to hate. Ray represents not only the extreme wildness Audrey must stay away from but also the injection of extremism needed by Charlie.[268]

Ray treibt die Handlung an und fordert Charlie auf brutale Weise im Kampf um Audrey heraus. Es ergibt sich das Dreieck Charlie/Lulu/Ray, aus dem zwangsläufig beim Entstehen eines Paares einer der männlichen Charaktere ausgeschlossen werden muss.[269] Diese für die 'Screwball' typische narrative Ausgangssituation wird in Demmes Film auf verschiedenen Ebenen kodiert. Es handelt sich bei Ray und Charlie nicht nur um Nebenbuhler, sondern beide Männer stehen für unterschiedliche Ideale und verschiedene Formen von Maskulinität. Während Charlie eine sanftere, femininere Männlichkeit repräsentiert,[270] steht Ray diesem Bild mit ungezähmter Aggressivität und Brutalität gegenüber:

> His anger is socially justified to some extent, and he addresses it towards Charlie, whose damned TV show image he shoots at the drugstore, for it probably reminds him of what he could have been if he had been given a chance. In this sense Ray is also a product of American society of disillusionment with and failure of revolutionary hopes.[271]

Die unglaubliche Dynamik Rays zeigt sich im Umschwung des Films von Screwball-Komödie zum Thriller ab dem Tankstellenüberfall: Jonathan Demme inszeniert die-

---

[268] Viano: *Something Wild.* S. 12.

[269] Vgl. Río: "Something Wild: Take a walk on the wild side." S. 76.

[270] Vgl. ebd. S. 79.

[271] Vgl. ebd. S. 84.

sen Übergang unter Verwendung von "Schock-Bildern".[272] Das Gesicht des verletzten Verkäufers wird der Kamera für einen kurzen Moment frontal exponiert; Rays triumphales Hochwerfen einer Zigarettenschachtel ist stark verlangsamt und die folgende Entführung Audreys und Charlies durch Ray wird dem Kinopublikum in Schwarzweißaufnahmen der Überwachungskamera – also in Form von Bildern "mit einem besonderen Realitätsstatus"[273] – gezeigt.[274] Der dabei entstehende Kontrast zwischen harmonischer innertextueller Musik und der aus relativ großer Distanz gezeigten Gewalt Rays wirkt zusätzlich verstörend.[275]

Die Brutalität Rays evoziert nicht nur einen Genrewechsel, sondern darüber hinaus einen zentralen Wandel im Verhalten Charlies, der andernfalls nicht mit Ray konkurrieren könnte: "Die Passivität, mit der er als Lulus Marionette in seine aufregende erotische Landpartie geriet, schlägt um in eine Tatkraft, die ihm keiner zugetraut hätte."[276]

7.5 Das postmoderne Individuum

Trotz seiner Gewaltbereitschaft zeichnet der Film bei Weitem kein vollkommen negatives Bild Rays: "Indeed Ray has a tragic stature: he is the negative hero in a world where negativity is shown to yield considerable insight."[277] Seine Attraktivität für den Zuschauer resultiert aus seiner Abgeschlossenheit. Er besitzt ein klares Ziel, nämlich Audrey zurückzugewinnen, und ist bereit dafür alles Notwendige zu tun. Seine Kompromisslosigkeit ist dabei ebenso bewundernswert, als auch Zeichen seiner Unflexibilität. Ihm gegenüber handelt es sich bei Charlie und Audrey um eindeutig postmodern konzipierte Individuen, die von innerer Zerrissenheit geprägt sind:

---

272 Vgl. die Ausführungen in Wulff, Hans Jürgen: *Die Erzählung der Gewalt. Untersuchungen zu den Konventionen der Darstellung gewalttätiger Interaktion*. Münster 1990. S. 56.

273 Ebd.

274 Vgl. hierzu auch Viano: *Something Wild*. S. 15.

275 Vgl. *Something Wild*. 00.59.51-01.00.48.

276 Schirmer: "Yuppies Neuer Alptraum."

277 Viano: *Something Wild*. S. 14.

> [A]mid the increasing complexity and fragmentation of experience in the postmodern world, the individual subject experiences a loss of temporal continuity that causes him or her to experience the world somewhat in the manner of a schizophrenic [...].[278]

Charlies Konflikt mit Ray muss, wie oben ausgeführt, als das Aufeinandertreffen von These und Antithese in Bezug auf Männlichkeit und Sozialverhalten verstanden werden. Die aus dieser Konfrontation entstehende Synthese formuliert *Something Wild* in Form von Rays Tod als symbolisches Aufgehen dessen guter Eigenschaften in Charlie, der im Vergleich zu Ray eine größere Elastizität gegenüber veränderten sozialen oder emotionalen Umständen offenbart.[279] Es ist bezeichnend, dass dem Publikum weder der Stich in Rays Brust noch sein eigentlicher Tod präsentiert werden. Durch die Montage der Bilder ergibt sich der Sinn des Geschehens durch Ergänzung im Kopf des Zuschauers. Auf der Bildebene ist nur zu sehen, wie Ray das Badezimmer, wo er soeben tödlich verwundet worden ist, schleichend verlässt. Er hat Lulu an Charlie verloren, ist seiner antagonistischen Eigenschaften beraubt und somit aus dem Dreieck ausgeschlossen. Charlie hat hingegen, indem er den Kampf mit Ray erfolgreich aufnimmt, seine eigene Maskulinität weiter ausgeprägt. Ray verliert durch das Aufgehen seiner Eigenschaften in Charlie seine Funktion und wird aus dem Film getilgt:

> This way of using a murder to imply incorporation reminds us that characters are no real people. They are textual knots, webs of signs whose trajectory in the text must stop whenever a higher synthesis is needed – something reminiscent of the Hegelian *Aufhebung*, where the synthesis simultaneously annuls and maintains the qualities of the preceding stages. If Charlie represented the inside of the system and Ray the violent assertion of an outside, the new Charlie will be someone who will be inside and yet against.[280]

Durch die Brechung seiner Protagonisten unter Verwendung postmoderner Mittel treibt *Something Wild* das Programm der Screwball-Komödien in Bezug auf Persönlichkeitsentwicklung innerhalb einer ungleichen Partnerschaft auf die Spitze.[281]

---

278 Booker, M. Keith: *Postmodern Hollywood. What's New in Film and Why it Makes Us Feel so Strange*. Westport 2007. S. 3.

279 Vgl. ebd.

280 Ebd.

281 Vgl. Schreckenberg: "Was ist postmodernes Kino?" S. 129-130.

7.6 Die andere Hälfte

Der Film verweigert sich gegenüber dem Konzept der eindeutigen, gefestigten Persönlichkeit, die zur emotionalen Entfaltung nur einen gewissen Reifungsprozess zu durchlaufen hat. *Something Wild* formuliert vielmehr explizit die Gegenposition eines fragmentarischen Charakters:

Audrey:	What are you gonna do now that you've seen how the other half lives?
Charlie:	The other half?
Audrey:	The other half of you.[282]

Audrey bezieht sich auf Charlies Innenleben und sein bisher unterdrücktes Verhalten. Jedoch ist ihre Äußerung ambivalent. Sie lässt sich aufgrund der Personenkonstellation ebenso auf Ray oder auf Audrey selbst als Charlies andere Hälfte beziehen, da beide für jene Maskulinität beziehungsweise Spontanität stehen, die sich bei Charlie erst langsam ausprägen. Charlies Beziehung zu den anderen Protagonisten wird somit ausdrücklich mit seiner eigenen emotionalen Entwicklung parallelisiert. Diese psychologische Aufsplittung eines Individuums auf mehrere Protagonisten stellt in der Art und Weise, wie sie *Something Wild* demonstriert, eine Extremposition dar, weil somit die sozialen Beziehungen der Protagonisten zueinander der Visualisierung der Entwicklung des Einzelnen dienen. Die Protagonisten sind das, wozu ihre Partner oder Antagonisten sie machen. So erscheint Audrey zu Beginn des Films noch wie die perfekte Partnerin für einen Mann wie Ray und entwickelt sich erst durch ihre Beziehung zu Charlie zu einer scheinbar völlig anderen Person. Diese Veränderung ihres Charakters wird durch den Eintritt in eine ungleiche Partnerschaft antizipiert.

Anders als in der klassischen 'Screwball' färben die Eigenschaften des gewählten Partners auf den anderen ab, anstatt dass sich neue Aspekte der eigenen Persönlichkeit unter der Hilfe des künftigen Partners aus dem Individuum heraus entwickeln, bevor eine Partnerschaft entstehen kann. Begrenzt ist das Individuum somit nicht durch die eigene Identität, sondern durch die Persönlichkeit des Partners. Ausdruck des Charakters sind dementsprechend sowohl individuelle Kleidung oder Stil,

[282] *Something Wild*. 01.30.47-01.31.00.

aber auch seine sozialen Beziehungen. Das 'Ich' wird auf den Partner projiziert und der Partner seinerseits auf den eigenen Charakter. Die Beziehung Charlies zu Audrey erscheint in der Logik des Films deswegen erstrebenswert, weil sich beide aufeinander einlassen und sich zu gleichen Teilen aufeinander zu bewegen:

> [Charlie] has discovered a new world totally unknown to the yuppy class that he represents, but, above all, he has learned about the other in himself. Lulu/Audrey herself has also found a new, rather unexpected, identity. The project of a life together for the two characters with which the film predictably finishes is based on the mutual awareness of each other's 'new' selves.[283]

Bei diesem Prozess des gegenseitigen Erkennens kommt der Kleidung eine große Bedeutung zu, da die einzelnen Protagonisten durch ihren Stil nicht nur sich selbst nach außen darstellen, sondern sich darüber hinaus auch persönlich definieren. So verweist Audreys Erscheinungsbild zu Beginn des Films kommunikativ und demonstrativ nach außen, definiert jedoch im Verständnis einer postmodernen Identität ebenfalls ihren Charakter.[284] Einen rituellen Stellenwert erhält daher auch das gemeinsame Neueinkleiden von Audrey und Charlie vor dem Besuch bei ihrer Mutter.[285] Audreys/Lulus Frage an die Verkäuferinnen, ob Charlie in seiner neuen Kleidung als geeigneter Ehemann erscheine, deutet den besonderen Status der Handlung an: Über die Kleidung bestätigen Audrey und Charlie ihre Partnerschaft. Mit der neuen Beziehung entwickeln beide Partner ein neues Äußeres, welches wiederum ein verändertes Verhalten nach sich zieht. Sich auf eine neue Beziehung einzulassen, bedeutet somit in letzter Konsequenz eine neue Identität zu akzeptieren. *Something Wild* zelebriert das zu einer solchen Wandlung nötige Selbstvertrauen, welches das Ausleben verschiedenster Charaktereigenschaften ohne Selbstaufgabe ermöglicht.[286] Die Wandlung Lulus zu Audrey ist dementsprechend sowohl Ausdruck von Charlies Einfluss auf sie, als auch Ausdruck ihres eigenen Begehrens und ihrer Selbstbestimmtheit.[287] Charlie hingegen löst sich nur langsam von seiner alten Identität, die eigentlich bereits zerstört ist.

---

[283] Evans und Deleyto: "Surviving Love." S. 4.

[284] Vgl. Río: "Something Wild: Take a walk on the wild side." S. 88.

[285] *Something Wild*. 00.29.41-00.31.09.

[286] Vgl. Viano: *Something Wild*. S. 15.

[287] Vgl. ebd. S. 12.

7.7 Yuppie-Angst

Programmatisch erscheint in diesem Zusammenhang das heimliche Motto des Films: "It's better to be a live dog than a dead lion."[288] Charlie muss sich von seinem falschen Selbstbild lösen, um ein geeigneter Partner für Audrey zu sein:

> *Something Wild* joyously subscribes to a schizophrenic mixture of acceptance and refusal, or, better, refusal within acceptance. If the sixties wildness advocated some great master plan which in many ways mirrored the bourgeois tele-ideology it purported to attack, Demme's film proposes a post-modern wildness which is devoid of metaphysical legitimation but makes sense, however fragmentary and precarious: it is better to be a Downtown hipster than a Wall Street acolyte.[289]

Diese Abkehr vom Yuppietum ist mit dafür verantwortlich, dass *Something Wild* ebenso wie *Desperately Seeking Susan* als "comedy of yuppie angst"[290] gilt. Bei dieser Art von Filmen geht es insbesondere darum, die Hilflosigkeit des Yuppies zu zeigen, sobald er mit der wirklichen Welt außerhalb seiner gewohnten Umgebung konfrontiert wird.[291] Tatsächlich ist das Programm von *Something Wild* jedoch komplexer und es ist kaum möglich, den Film einem einzelnen Genre zuzuschreiben:

> It is in many respects, a genre picture, but it breaks the conventions of each of the genres to which it seems to belong. If it looks like a screwball comedy, one need only remember the sudden change of pace brought about by Ray's appearance to realize that it turns, before our very own eyes, into [...] "a scary slapstick thriller."[...] The fact is that Demme's new film does not belong to any one genre; it merely mimics the motions of some genres in order to better get across its iconoclastic sense. *Something Wild* uses generic props as a palatable background for its "inside but against" operation.[292]

Die Parallelen zu *Desperately Seeking Susan* wie die Gegensätze zwischen Vorstadt und Großstadt oder Bohème und Bourgeoisie sind durchaus auffällig, allerdings erhalten sie in *Something Wild* neue Vorzeichen. Wendet sich Roberta von ihrem Mann und dem spießigen Vorstadtleben ab, scheint Lulu sich nach eben diesem Leben zu sehnen.[293] Bezeichnend ist Rays wütender Ausruf gegenüber Audrey: "I'm glad

288 *Something Wild*. 01.39.09.

289 Viano: *Something Wild*. S. 16.

290 Schirmer: "Yuppies Neuer Alptraum."

291 Vgl. ebd.

292 Viano: *Something Wild*. S. 15.

293 Vgl. Beach: *Class, Language, and American Film Comedy*. S. 182.

to see you finally made it to the suburbs, bitch!"[294] Durchläuft Roberta den Wandel vom guten zum bösen Mädchen, entwickelt sich die wilde Lulu zur braven Audrey. Die Zielrichtung der beiden Filme scheint entgegengesetzt zu sein. Feierte *Desperately Seeking Susan* noch bedingungslos die Großstadt-Bohème, wendet sich *Something Wild* zwar von dem verkrampften Yuppietum ab, allerdings ohne dem einen expliziten Gegenentwurf vorzuziehen. Vielmehr stellt Demmes Film bestimmte Werte des Bürgertums als durchaus erstrebenswert dar.

Auffällig ist bei diesem Gegensatz eine Parallele in der Handlungsstruktur. In beiden Filmen geht es um einen weiblichen Charakter, der die zentrale Grenzüberschreitung von Großstadt zu Vorstadt beziehungsweise umgekehrt vollzieht. Den neuen Partnerschaften steht hierbei der alte Partner antagonistisch gegenüber. Dementsprechend ergibt sich für die Figur von Ray aus *Something Wild* dieselbe Funktion wie für Gary in *Desperately Seeking Susan*. Die Ehemänner repräsentieren eine Form des Korrektivs, das sich gegen den neuen Lebensentwurf der weiblichen Protagonisten richtet. Sie verkörpern somit jene Sichtweise auf die Filmhandlung, welche Wartenberg als soziale Perspektive bezeichnet. Dieser Blickwinkel ist jedoch offenbar vollkommen unabhängig von einer sozialen Wertung. In einem Fall stellt das Bürgertum und im anderen die soziale Unterschicht die antagonistische Kraft dar, welche dem Paar den Weg versperrt. Die romantische Perspektive, der zufolge die ungleichen Partner füreinander bestimmt zu sein scheinen, ist dementsprechend unabhängig vom tatsächlichen sozialen Status der einzelnen Protagonisten. Folglich ist auch die Bezeichnung "comedy of yuppie angst" irreführend, da sie eine soziale Kritik impliziert. Im Fokus der Narration steht vielmehr die persönliche Entwicklung der Protagonisten. Die für postmoderne Filme typische psychische Fragmentierung der einzelnen Charaktere in *Something Wild* unterstreicht diesen Aspekt der emotionalen Reifung noch zusätzlich.[295]

294 Ebd. 01.32.07.

295 Vgl. Booker: *Postmodern Hollywood.* S. 3.

8. Exkurs: Vom ungleichen Liebespaar zum Single

Dieses Motiv wird auch in einer Vielzahl von Komödien der 90er-Jahre, die mit den Mitteln der klassischen 'Screwball Comedy' arbeiten, aufgegriffen. Zum Teil brechen solche Filme dabei mit den Konventionen des Genres, andere wiederum verfahren auf dieselbe Weise wie ihre Vorbilder. Lawrence Kasdans Film *French Kiss* von 1995 stellt auf typische Weise das Entstehen eines antagonistischen Paares dar und lässt sich als Reminiszenz an Frank Capras *It Happened One Night* verstehen.[296] Gemeinsam versuchen die Amerikanerin Kate und Luc, ein kleinkrimineller Franzose, Kates abtrünnigen Verlobten zurückzugewinnen. Luc und Kate unterscheiden sich nicht nur in ihrer Nationalität, sondern darüber hinaus in ihren Auffassungen von Liebe, Sexualität und Partnerschaft. *French Kiss* folgt in der Darstellung des ungleichen Paares seinem neueren Entstehungsdatum zum Trotz dem klassischen Muster: "Beide Figuren durchlaufen [...] den für die *Romantic Comedy* typischen Lernprozess, Kate entdeckt das Leben, Luc die Frau als Freund. Und gemeinsam entdecken die beiden die Liebe."[297]

8.1 Differenzierte Beziehungen

Die wenigsten Filme verfahren jedoch in dieser Form der Reminiszenz. Die gesellschaftlichen Veränderungen der vergangenen Jahrzehnte, vor allem aber das Voranschreiten des romantischen Diskurses machen eine differenziertere Form der Auseinandersetzung mit Paarbildung und Eheschließung notwendig.[298] Die besprochenen Filme *Desperately Seeking Susan* und *Something Wild* sind nur zwei Beispiele dafür, wie in in den 80ern die Rolle der Frau filmisch zum Teil neu akzentuiert und Kritik an der Ehe geübt wird.[299] Um eine romantische Beziehung noch wahrscheinlich wirken zu lassen ohne zugleich reaktionär zu wirken, müssen neuere Fiktionen anders argumentieren als ihre klassischen Vorgänger:

---

[296] Vgl. Kaufmann: *Der Liebesfilm.* S. 213.

[297] Ebd.

[298] Vgl. Preston,: "Hanging on a Star." S. 228-229.

[299] Vgl. auch Gehring: *Romantic vs. Screwball Comedy.* S. 150.

> The contemporary romantic comedy film grapples with the difficulty of speaking of love in an age when the language the conventions and the values of heterosexual union lack the integrity they once possessed.[300]

Garry Marshalls 1999 entstandener Film *Runaway Bride* lehnt sich motivisch ebenfalls an Frank Capras It *Happened One Night* an,[301] verwendet jedoch ein postmodernes Figurenkonzept. So greifen Maggies gescheiterte Hochzeiten mit unterschiedlichen Männern das Motiv der psychischen Fragementierung erneut auf. Jede einzelne Beziehung geht für Maggie mit einem anderen Persönlichkeitskonzept ihrer selbst einher. Nicht umsonst ist Kolumnist und Zyniker Ike Graham verwundert über die beständig wechselnden Vorlieben Maggies in Bezug auf Essen und Freizeitgestaltung.[302] Jede einzelne ihrer Beziehungen ist der Argumentation des Films zufolge ebenso wahrscheinlich oder unwahrscheinlich wie ihre unterschiedlichen Persönlichkeitsentwürfe.

Runaway Bride unterscheidet sich jedoch nicht nur in dieser Hinsicht von der typischen Hollywood-Romanze, denn er muss die finale Hochzeit von Maggie und Ike mit den Mitteln des Genres rechtfertigen: "What distinguishes this film is that after a narrative that fits perfectly within the discourse of romance, the couples marriage is explained in the discourse of intimacy."[303] Die Frage, warum eine erfolgreiche Ehe für beide miteinander überhaupt noch möglich sein kann, beantwortet *Runaway Bride*, nachdem der erste Anlauf von Ike und Maggie zu heiraten bereits gescheitert ist, in Form einer privaten Aussprache:

---

300 Krutnik, Frank: "Love lies: Romantic fabrication in contemporary romantic comedies." In: Peter William Evans und Celestino Deleyto (Hg.): *Terms of endearment. Hollywood romantic comedy of the 1980s and 1990s*. Edinburgh 1998. S. 15-36. Hier: S. 29.

301 Vgl. Rickmann, Gregg: Runaway Brides. In: Ders. (Hg.): *The Film Comedy Reader*. New York 2001. S. 327-333. Hier: S. 327.

302 Vgl. *Runaway Bride*. U.a. 00.32.23-00.33.00. und 00.55.00-00.56.12.

303 Vgl. Shumway: *Modern Love*. S. 109.

Maggie:	I wanted to talk to you about why I run-- sometimes ride-- away from things.
Ike:	Does it matter?
Maggie:	I think so. When I was walking down the aisle, I was walking towards somebody who had no idea who I really was. And it was only half the other person's fault, because I had done anything to convince him that I was exactly what he wanted. So, it was good that I didn't go through with it, because it would have been a lie. But you-- you knew the real me.
Ike:	Yes, I did.
Maggie:	I didn't.[304]

Die Ehe der beiden wird dadurch gerechtfertigt, dass Ike der Partner ist, durch den Maggie sich selbst erkennt und somit zu einer gefestigten Persönlichkeit findet. Während *Something Wild* die Entscheidung für einen Partner als Anlass zu einer freiwilligen Veränderung der eigenen Persönlichkeit darstellte, vertritt Marshalls Film eine Position, welche eine einzige Partnerschaft als vorbestimmt erachtet, um seine eigene Identität auszubilden. Es besteht dieser Logik zufolge keine Freiheit bei der Partnerwahl, sondern eine Notwendigkeit seiner romantischen Bestimmung zu folgen, sobald sich diese einem offenbart.

8.2 Der schwule Freund - 'Safe Eroticism'

Dieses Einhergehen von persönlichem Glück und Selbsterkenntnis mit dem Entstehen einer Partnerschaft schließt ideologisch ein zufriedenes Leben für die Protagonisten aus, sofern sie sich nicht in einer Beziehung befinden. Einzelne 'Screwball Comedies' diskutieren ab den 90ern dieser Tendenz zuwider das Singletum als erfüllenden Lebensentwurf. Bereits zuvor ist das Leben des Singles ausgiebig in einzelnen Filmen thematisiert worden.[305] Allerdings handelt es sich in solchen Fällen beim Singledasein für die Charaktere nur um eine Lebensform des Übergangs vor dem ersehnten Eintritt in eine hoffentlich erfüllte Partnerschaft. Die Schwierigkeit für Filme wie die Screwball-Komödie, in deren Zentrum idealerweise eine Paarfindung steht,

---

304 *Runaway Bride*. 01.38.36-01.39.38.

305 Vgl. Krutnik: "Love lies." S. 28.

liegt darin, eine mögliche Ungebundenheit des Protagonisten als glücklichen Zustand zu inszenieren, da dies unweigerlich zuwider der genretypischen Idealisierung des Paares läuft.[306]

P.J. Hogans *My Best Friend's Wedding* von 1997 endet mit der Heldin Julianne Potter als Single; sie verliert den Kampf um das Objekt ihrer Begierde. In bester Screwballtradition versucht Julianne ihren besten Freund von der Hochzeit mit einer anderen Frau abzuhalten. Der Versuch schlägt jedoch fehl, da ihr Freund Michael sie nicht liebt:

> This goes against the usual conventions of the form, one of which is that wrong or less appropriate marriage partnerships should be overturned [...] and against the fact, that Julianne is the character with whom we are encouraged to be most closely allied, through access to her thoughts, feelings and actions.[307]

Julianne erlangt während ihres Kampfs um Michael wichtige Erkenntnisse über sich selbst und versteht, dass sie eigentlich gar nicht Michael für sich gewinnen will, sondern Angst davor hat, alleine zu sein. Der Film setzt hinter diese Reifung, die zu einem Großteil durch Juliannes homosexuellen Freund George angetrieben wird, einen positiven Schlusspunkt. Ihr schwuler Freund überrascht sie bei der Hochzeitsfeier und fordert sie zum Tanz auf:

> George: And although you quite correctly sense that he is gay, like most devastatingly handsome single men of his age are, you think: "What the hell – life goes on!" And maybe there wont be marriage, maybe there won't be sex, but by god there will be dancing.[308]

Das Finale von Hogans Film zeichnet auf diese Weise ein glückliches Bild von Juliannes Situation: Sie ist nicht verheiratet, hat keinen Partner, ist aber nicht alleine. Durch ihr und Georges Verhältnis zueinander wird Freundschaft als eine weitere Form der happyend-tauglichen emotionalen Beziehung in der 'Screwball Comedy'

---

306 Vgl. Evans, Peter William: "Meg Ryan, Megastar" In: Peter William Evans und Celestino Deleyto (Hg.): *Terms of endearment. Hollywood romantic comedy of the 1980s and 1990s.* Edinburgh 1998. S. 188-208. Hier: S 191.

307 King: *Film Comedy*. S. 58.

308 *My Best Friend's Wedding*. 01.35.15-01.35.45.

etabliert,[309] die deshalb eine größere Intimität ermöglicht, weil sie aufgrund von Georges Homosexualität keine sexuellen Komplikationen mit sich bringt.[310] Diese auf "safe eroticism"[311] basierende Freundschaft von Julianne und George wird durch den Film so exponiert, dass sie letztlich erstrebenswerter wirkt als eine sexuelle Liebesbeziehung.[312] Die Gründe hierfür liegen in der Art und Weise begründet, wie *My Best Friend's Wedding* die Gefahren einer heterosexuellen Beziehung für eine selbstständige Frau darstellt:

> Whereas heterosexual love can break us apart, turning professional women like Jules into lying tricksters as they attempt to ensnare their man, friendship with a gay man provides all the benefits of a relationship with none of the detriments. [...] Male-female friendship with an unconsummated erotic subtext becomes much healthier for a woman because it obliterates the potential for pain that always seems to accompany romantic involvement.[313]

Nichtsdestotrotz findet in Hogans Film eine Hochzeit statt – bezeichnenderweise zwischen zwei in Bezug auf ihre Lebensentwürfe ungleichen Partnern. Es wäre somit falsch, davon auszugehen, dass generell von der Ehe als Form der romantischen Bindung Abstand genommen wird. Allerdings wird paradoxerweise in Form einer weiteren Paarbildung das Singletum aufgewertet, da George und Julianne in der angesprochenen letzten Szene des Films eindeutig als Paar inszeniert werden. Dass George homo- und Julianne heterosexuell ist, stellt kein Hindernis für die Wirkungsweise auf das Publikum dar. Die Bewegung der Protagonistin hin zu George korreliert mit einer ebensolchen persönlichen Entwicklung wie bei David Huxley oder Peter Warne in den Screwball-Komödien der 30er-Jahre. Allerdings lernt Julianne weder zu ihren Gefühlen zu stehen, noch ihre ungezügelte Seite auszuleben, sondern dass es nicht schlimm ist, unverheiratet zu sein.

---

309 Vgl. King: *Film Comedy*. S. 58.

310 Vgl. Wood, Robin: "'I Just Went Gay, All of a Sudden': Gays and 90's Comedy." In: Gregg Rickan (Hg.): *The Film Comedy Reader*. New York 2001. S. 409-421. Hier: S. 413.

311 Vgl. Dreisinger, Baz: *The Queen in Shining Armor. Safe Eroticism and the Gay Friend*. In: Journal of Popular Film & Television 28 (2000). S. 2-11. Hier: S.4.

312 Vgl. ebd. S. 5.

313 Ebd. S. 6.

8.3 Freundschaft und Zölibat

Auch in Edward Nortons Komödie *Keeping the Faith* wird eine Alternative zum romantischen Beziehungsideal aufgebaut: Im Zentrum der Handlung steht die Freundschaft des jungen Rabbies Jake Schram zu dem katholischen Priester Brian Finn. Dieses Geflecht erweitert sich zu einem Dreieck durch die Geschäftsfrau Anna Riley, mit der Jake und Brian seit ihrer Kindheit befreundet sind. Durch die Konfessionen ist bereits der Verlauf der Romanze vorgegeben: Anna und Jake werden ein Paar und Brian bleibt Single, wie es ihm sein Amt vorschreibt. Ist in der klassischen Screwball-Komödie und in der Mehrzahl ihrer modernen Nachfolger eine triadische Beziehungsstruktur nur eine vorübergehende Konstellation, die notwendigerweise aufgelöst werden muss, damit es zu einer romantischen Verbindung kommen kann, ermöglicht die religiöse Variation die Aufrechterhaltung der Dreiecksfreundschaft bis zum Ende des Films. Brian muss Single bleiben, da er eine andere Aufgabe – ein höheres Lebensziel als eine Paarbildung – besitzt. Entscheidender Bestandteil dieser Argumentation des Films ist die Aufwertung des Zölibats beziehungsweise die Vermittlung des Wertes von zölibatärer Enthaltsamkeit. Glaube und Spiritualität des Einzelnen werden zum Thema zahlreicher Gespräche und Auseinandersetzungen.[314] Nachdem Brian sich trotz seiner religiösen Berufung in Anna verliebt hat und von ihr zurückgewiesen worden ist, befindet er sich in einer Glaubens- und Lebenskrise, worauf er seinen Lehrer aus dem Priesterseminar aufsucht:

[314] Vgl. *Keeping the Faith*. U.a. 01.14.27- 01.20.00.

Brian:	I keep thinking about what you said in the seminar. That the life of a priest is hard. And if you can see yourself being happy doing anything else, you should do that.
Pater Havel:	(lacht) Well, that was my recruitment-speech which is not bad when you're starting out, because it makes you feel like a marine. The truth is, you can never tell yourself that there is only one thing that you could be. If you're a priest or if you marry a woman, it's the same challenge. You can not make a real commitment, unless you accept that it is a choice that you keep making again and again and again and again.[315]

Zwar geht es in dem Gespräch um Brians Glauben, allerdings wird das Priestertum in seiner Bedeutung gleichgesetzt mit einer romantischen Beziehung und somit die Validität von unterschiedlichen Lebensentwürfen an sich verhandelt. Die Entscheidung, sein Leben auf eine bestimmte Art und Weise zu führen, ist vollkommen akzeptabel, solange man dazu bereit ist, die Entscheidung für eben diese Lebensart immer wieder aufs Neue zu treffen. Die Berechtigung des Lebensentwurfes entspringt somit nicht der gesellschaftlichen Akzeptanz, sondern dem eigenen Wunsch auf Selbstverwirklichung. Brians Entscheidung Priester zu sein ist demzufolge in der Logik des Films ebenso wertvoll wie die, in eine romantische Beziehung einzutreten.

Trotz der positiven Stellung, die sowohl *Keeping the Faith* als auch *My Best Friend's Wedding* gegenüber dem Singletum beziehen, fällt die Notwendigkeit auf, adäquate Bilder zu finden, um diese Position halten zu können. Persönliches Glück alleine zu finden erscheint insbesondere in der romantischen Komödie und in der 'Screwball Comedy' nur schwer möglich zu sein. Die Verlagerung des narrativen Fokus vom Entstehen auf das nicht Zustandekommen einer Liebesbeziehung verdeutlicht darüber hinaus die Macht der sozialen Implikationen, welche mit Genrefilmen einhergehen.[316] Die Erwartungen des Zuschauers an den Film und dessen Handlungsverlauf

[315] Ebd. 01.32.57-01.33.44.

[316] Vgl. die Ausführungen zur Formulierung von Gesellschaftskritik durch Genrefilme in: Bourget: "Social Implications in the Hollywood Genres." S. 57.

sind durch das Genre so weit festgelegt,[317] dass im Falle der hier besprochenen Werke das Singletum der einzelnen Protagonisten unter Umständen als unbefriedigendes Ende wahrgenommen werden kann. Die hier dargestellten Taktiken der Filme, um eine solche Enttäuschung zu vermeiden, können als Versuch gesehen werden, den romantischen Diskurs unterbewusst zu beeinflussen, indem sie durch die Aufwertung des partnerlosen Zustandes ihrer Protagonisten das gesellschaftliche Beziehungsideal hinterfragen.

317 Vgl. Neale und Krutnik: *Popular Film and Television Comedy*. S. 141.

9. Schluss

Die Darstellung des Singletums in der 'Screwball Comedy' hinterfragt folglich auf ähnliche Weise die filmisch generierten Selbstverwirklichungsideale wie das Motiv des ungleichen Liebespaares. Anders als Wartenberg feststellt, geht mit dem 'transgressive couple' jedoch nicht notwendigerweise eine Kritik an den sozialen Umständen einher. Im Fokus der besprochenen Filme steht vielmehr eine Selbstevaluation der jeweiligen Partner, die mit der Bildung eines ungleichen Paares einhergeht und den Figuren zu einer gefestigten Persönlichkeit verhilft. Wartenberg bemerkt zwar die Bedeutung der Partnerschaft für die Persönlichkeitsentwicklung des Individuums,[318] lässt dieser jedoch keine größere Aufmerksamkeit zukommen. Unbeachtet bleiben bei ihm darüber hinaus jene Beziehungen, in denen sich die Partner in ihren Lebensentwürfen voneinander unterscheiden. Seine Kategorisierung schließt zwar Paare ein, die wie in *It Happened One Night* aus unterschiedlichen Einkommensklassen stammen, lässt aber Konstellationen wie in *Bringing Up Baby* und *What's Up, Doc?* außer Acht. Einen Großteil der 'Screwball Comedies', die nach diesem Schema ungleiche Paare darstellen, erfasst Wartenberg mit seiner These folglich nicht. Außerdem ist es ihm nicht möglich, auf spezielle Diskurse einzugehen, die das ungleiche Liebespaar in den unterschiedlichen Genres impliziert, da er nicht auf Gegensätze zwischen den von ihm analysierten Filmarten eingeht, sondern sie alle nur dem 'Unlikely Couple Film' zuordnet. Seine Theorie der romantischen und sozialen Perspektive lässt sich dementsprechend zwar auf die 'Screwball Comedy' anwenden, will man das den Filmen zu Grunde liegende romantische Konzept untersuchen; allerdings reicht es in den meisten dieser Komödien nicht aus, sich bei der Analyse des ungleichen Liebespaares auf eine mögliche soziale Kritik zu beschränken.

Die Analyse von *It Happened One Night* hat vielmehr gezeigt, dass in der 'Screwball' selbst in solchen Fällen, in denen ein aus unterschiedlichen Gesellschaftsklassen stammendes Paar im Zentrum der Handlung steht, der romantische Diskurs an sich und die persönliche Entwicklung der Protagonisten wichtiger für die rituelle Funkti-

---

318 Vgl. Wartenberg: *Unlikely Couples*. S. 8.

on der Filme sind,[319] da die sozialen Unterschiede zwischen den Liebenden der Begründung von emotionalen oder ideologischen Differenzen zwischen den Partnern dienen. In Einzelfällen mögen somit Wartenbergs Erkenntnisse zutreffen, gelten aber bei Weitem nicht im Allgemeinen für das Phänomen des ungleichen Liebespaares in der 'Screwball Comedy'. Vielmehr wird durch die bewusste Entscheidung des Protagonisten für einen antagonistischen Partner und den mit dieser Wahl einhergehenden anderen Lebensstil ein romantisches Ideal der Selbsterkenntnis vermittelt.[320]

Die Tendenz zur Psychologisierung der Protagonisten durch das Avisieren einer solchen progressiven Liebesbeziehung verstärkt sich in Filmen wie *Bringing Up Baby* und *What's Up, Doc?*, in denen die charakterlichen Unterschiede der Protagonisten im Zentrum des Interesses stehen. Der Wunsch zur Überwindung der persönlichen Gegensätze ist als Ausdruck des Begehrens der Figuren nach einem emphatischen Leben zu verstehen; Symptom dieses Verlangens ist sowohl die Bereitschaft der Protagonisten, sich durch oder für ihren Partner erniedrigen zu lassen als auch von diesem zu lernen und sich selbst weiter zu entwickeln.[321] Die Liebenden erweisen sich durch das Voranschreiten dieses Lernprozesses und die aus ihm resultierenden reiferen Verhaltensweisen als ihres Gegenübers würdig.

Typisch für die Struktur der Screwball-Komödien, die diesem Muster der Paarbildung folgen, ist die Korrelation des emotional-unbefriedigten Zustandes des Protagonisten mit seiner Ausgangsbeziehung. Am Ende der individuellen Entwicklung steht daher idealerweise der Eintritt des Mannes in eine neue, gleichberechtigte Beziehung.[322] Ausdruck der Ebenbürtigkeit der Liebenden ist die genre-immanente Kommunikationsform des Streits, die zur Verhandlung der Partnerschaftsideale und der romantischen Bedürfnisse dient. Der spielerische Charakter der neuen Beziehung steht dabei im Kontrast zum Ernst der Ursprungsbeziehung.

Die Möglichkeit zur persönlichen Veränderung, welche diese Screwball-Komödien propagieren, basiert auf einem demokratischen Prinzip der Partnerwahl, wobei der Fortbestand der Beziehung nicht durch den Willen zur sozialen Normerfüllung ga-

---

319 Vgl. Olsin Lent: "Romantic Love and Friendship." S. 321.

320 Vgl. Wright Wexman: *Creating the Couple*. S. 13-14.

321 Vgl. Cavell: *The Pursuits of happiness.* S. 8. und S. 12.

322 Vgl. auch Neale und Krutnik: *Popular Film and Television Comedy*. S. 140.

rantiert ist, sondern auf dem freiwilligen Wunsch der Partner nach gemeinsamer Zeit mit dem anderen, die sich durch gemeinsamen Spaß und Lebensfreude auszeichnet, basiert.[323] Zufriedenheit soll innerhalb der Beziehung für beide Partner erreichbar sein und drückt sich in romantischer, beruflicher, sexueller sowie emotionaler Selbstverwirklichung aus:

> Our films may be understood as parables of a phase of the development of consciousness at which the struggle is for the reciprocity or equality between a woman and a man, a study of the conditions under which the fight for recognition [...] or demand for acknowledgment [...] is a struggle for mutual freedom, especially of the views each holds of the other. This gives the films of our genre a Utopian cast. They harbor a vision which they know cannot fully be domesticated, inhabited, in the world we know. They are romances. Showing us our fantasies, they express the inner agenda of a nation that conceives utopian longings and commitments for itself.[324]

Der modellhafte Charakter dieser durch das ungleiche Liebespaar transportierten utopischen Tendenz der 'Screwball Comedy' zeigt sich auf unterschiedliche Weisen im Inszenierungsstil der Filme. Die Selbstreflexivität einzelner Komödien und der von manchen geführte intertextuelle Dialog in Bezug auf Liebeskonzepte und Persönlichkeitsentwürfe sind nur zwei Möglichkeiten, für die Formulierung idealistischer Forderungen. Bereits durch die Form des Genres und seine romantische Ausrichtung, die gerade in den neueren Screwball-Komödien variiert und auf verschiedene Arten hinterfragt wird, stellen die Filme implizit die Frage nach der Validität vorbestimmter Lebensentwürfe und Gesellschaftsmodelle. Maßgeblich hierfür ist die Erwartungshaltung des Zuschauers an romantische Filme, die bereits durch leichte Verstöße gegen Genrekonventionen irritiert werden kann. Der Genrefilm birgt somit die Möglichkeit in sich, den Blick des Zuschauers für die ihm zugrunde liegenden Diskurse zu schärfen und die Aufmerksamkeit für reale Missstände zu vergrößern.[325] Insbesondere der Unterhaltungswert solcher Filme ermöglicht eine subversive Beeinflussung des Publikums:

> Hollywood does not simply lend its voice to the public's desire, nor does it simply manipulate the audience. On the contrary, most genres go through a period of accommodation during which the public's desires are fitted to Hollywood's priorities (and vice-versa). Be-

[323] Vgl. ebd. S. 160.

[324] Cavell: *The Pursuits of happiness*. S. 17-18.

[325] Vgl. Bourget: "Social Implications in the Hollywood Genres." S. 57.

> cause the public doesn't want to know that it is being manipulated, the successful ritual/ideological "fit" is almost always one that distinguishes Hollywood's potential for manipulation while playing up its capacity for entertainment.[326]

Desperately Seeking Susan macht von diesen Mechanismen Gebrauch, indem er durch die Etablierung einer weiblichen Sichtweise im zumeist männlich geprägten romantischen Diskurs patriarchale Vorstellungen offenlegt und demontiert. Zentraler Bestandteil dieser Strategie ist die genderspezifische Umkehr einzelner Motive: Die Protagonistin wird durch ihre Ehe, die vollständig auf die berufliche Selbstverwirklichung ihres Mannes ausgerichtet ist, emotional unterdrückt. In der klassischen 'Screwball' und ihren Nachahmern wie *Bringing Up Baby* und *What's Up, Doc?* ist es hingegen noch die Frau selbst, welche durch ihre Fokussierung auf die Karriere ihres zukünftigen Gatten diesen hemmt und in seiner Entwicklung blockiert. In beiden Fällen wird das Verständnis der Geschlechterrollen hinterfragt und schließlich durch den Eintritt in eine Liebesbeziehung mit einem antagonistischen Partner neu definiert. Aus diesem Prozess resultiert sowohl eine Evaluation der Ehe als Institution als auch eine Infragestellung der Vorstellung von einer eindeutigen Persönlichkeit. Deutlich wird dies an Jonathan Demmes Film *Something Wild*, der durch die postmoderne Verwendung eines fragmentarischen Identitätskonzepts die Wahl eines neuen Partners mit der Entscheidung für eine neue Identität gleichsetzt und somit den Fokus vom Zustandekommen einer Beziehung auf das Entstehen einer gefestigten Persönlichkeit verschiebt. Die Hybridität der Charaktere korreliert dabei mit dem vom Film vollzogenen Genrewechsel.
Aufgrund des begrenzten Umfangs dieser Analyse ist es nicht möglich gewesen, auf alternative Beziehungsentwürfe in der Screwball-Komödie zum ungleichen Liebespaar einzugehen, ebenso wenig wie auf die Funktion, welche das Motiv des 'Unlikely Couple' in anderen Filmgenres erfüllt. Eine genreübergreifende Untersuchung könnte weitere Erkenntnisse hervorbringen oder die hier vorgelegten präzisieren. Ebenso interessant wäre eine Analyse der Darstellung des Singletums in aktuellen Liebeskomödien und inwieweit es sich bei dieser um einen alternativen Lebensentwurf zum genrespezifischen Ideal der Paarfindung handelt. Auch lässt sich, selbst wenn die Funktion des ungleichen Liebespaares in der 'Screwball' deutlich geworden ist,

[326] Altman, Rick: "A Semantic/syntactic Approach to Film Genre." In: Barry Keith Grant (Hg.): *Film Genre Reader II*. Austin 1995. S. 26-40. Hier: S. 36.

nicht mit Sicherheit sagen, wie das Verhalten des Zuschauers außerhalb des Kinos durch die Filme beeinflusst wird und in welcher Form die von den Komödien transportierten romantischen Wertvorstellungen in der Realität Gültigkeit erlangen. Eine empirische Analyse der rituellen Vorbildfunktion von Film in unserer Gesellschaft wäre dementsprechend zweifelsfrei eine lohnenswerte Unternehmung.

Trotzdem ist im Verlauf der Analyse offensichtlich geworden, dass es sich bei der 'Screwball' aufgrund ihres Fokus' auf der Konstruktion alternativer Liebes- und Persönlichkeitskonzepte um eine der progressiveren Liebesfiktionen im Kino handelt.[327] Bis heute setzt sich die Verhandlung der Identität anhand von Partnerschaften in der 'Screwball Comedy' fort. Einzelne der Filme verfahren dabei nach klassischen Schemata, ohne diese kritisch zu hinterfragen, während andere diese variieren oder sogar vollständig Abstand von romantischen Beziehungen zu Gunsten einer Aufwertung des Singletums nehmen. All diesen Komödien ist gemein, dass sie nach demselben Muster funktionieren wie die genrebildenden Werke aus den 30er-Jahren: Das Erlangen emotionaler Selbsterkenntnis ist, sofern die Filme das Entstehen einer ungleichen Beziehung thematisieren, zentraler Bestandteil der Partnerwahl. Die unsentimentale Art des Werbens um den neuen Partner stellt dabei eine Gegenposition zu konventionellen romantischen Fiktionen dar, die satirisch die Darstellungen von Liebe in anderen Genres und die mit ihr einhergehenden gesellschaftlichen Implikationen hinterfragt.[328] Die in der 'Screwball Comedy' mit Hilfe des ungleichen Liebespaares propagierte Position ist als gesellschaftliche Utopie zu verstehen,[329] die sich mit dem Voranschreiten des romantischen Diskurses inhaltlich und formal verändert, programmatisch jedoch stets das Individuum über den sozialen Zwang und das unerwartete Begehren über die romantische Fiktion erhebt.

---

327 Vgl. Shumway: *Modern Love.* S. 109.

328 Vgl. Neale und Krutnik: *Popular Film and Television Comedy*. S. 151.

329 Vgl. auch Cavell: *The Pursuits of happiness.* S. 4.

10. Film- und Literaturverzeichnis

Filmliste

Bringing Up Baby

USA 1938. Regie: Howard Hawks. Buch: Dudley Nichols, Hagar Wilde.

Desperately Seeking Susan

USA 1985. Regie: Susan Seidelman. Buch: Leora Barish, Floyd Byars.

French Kiss

USA 1995. Regie: Lawrence Kasdan. Buch: Adam Brooks.

It Happened One Night

USA 1934. Regie: Frank Capra. Buch: Robert Riskin.

Keeping The Faith

USA 2000. Regie: Edward Norton. Buch: Stuart Blumberg.

My Best Friend's Wedding

USA 1997. Regie: P.J. Hogan. Buch: Ronald Bass.

Runaway Bride

USA 1999. Regie: Garry Marshall. Buch: Josann McGibbon, Sara Parriott.

Something Wild

USA 1986. Regie: Jonathan Demme. Buch: E. Max Frye.

What's Up, Doc?

USA 1972. Regie: Peter Bogdanovich. Buch: Buck Henry, David Newman, Robert Benton.

Who's That Girl

USA 1987. Regie: James Foley. Buch: Andrew Smith, Ken Finkleman.

Sekundärliteratur

Altman, Rick: "A Semantic/syntactic Approach to Film Genre." In: Barry Keith Grant (Hg.): *Film Genre Reader II*. Austin 1995. S. 26-40.

Bachtin, Michail: Literatur und Karneval. Zur Romantheorie und Lachkultur. München 1969.

Beach, Christopher: *Class, Language, and American Film Comedy.* Cambridge 2002.

Bergmann, Andrew: "Frank Capra and Screwball Comedy, 1931-1941." In: Ders.: *We're in the money. Depression America and it's films*. New York 1971. S. 132-148.

Blake, Richard A.: *Screening America. Reflection on 5 classic films.* New Jersey 1991.

Borstnar, Nils u.a.: *Einführung in die Film und Fernsehwissenschaft.* Konstanz[2] 2008.

Booker, M. Keith: *Postmodern Hollywood. What's New in Film and Why it Makes Us Feel so Strange.* Westport 2007.

Bourget, Jean-Loup: "Social Implications in the Hollywood Genres." In: Barry Keith Grant (Hg.): *Film Genre Reader II*. Austin 1995. S. 50-58.

Brunovska Karnick, Kristine und Jenkins, Henry: "Comedy and the Social World." In: Dies. (Hg.): *Classical Hollywood Comedies*. New York 1995. S. 265-281.

Canby, Vincent: "'What's Up, Doc?,' A Stylish Comedy." In: *New York Times.* 10.03.1972. Online verfügbar: <http://movies.nytimes.com/movie/review?_r=1&res=EE05E7-DF173DE774BC4852DFB5668389669EDE>. Datum des Zugriffs: 27.02.2010.

Cavell, Stanley: *The Pursuits of happiness. The hollywood comedy of remarriage.* Harvard 1981.

Dreisinger, Baz: *The Queen in Shining Armor. Safe Eroticism and the Gay Friend*. In: Journal of Popular Film & Television 28 (2000). S. 2-11.

Evans, Peter William und Deleyto, Celestino: "Surviving Love." In: Dies. (Hg.): *Terms of endearment. Hollywood romantic comedy of the 1980s and 1990s*. Edinburgh 1998. S. 1-14.

Evans, Peter William: "Meg Ryan, Megastar" In: Peter William Evans und Celestino Deleyto (Hg.): *Terms of endearment. Hollywood romantic comedy of the 1980s and 1990s*. Edinburgh 1998. S. 188-208.

Fischer, Lucy: "The Desire to Desire: Desperately Seeking Susan." In: Peter Lehman (Hg.): *Close Viewings. An Anthology of New Film Criticism*. Tallahassee 1990. S. 200-214.

Foucault, Michel: *Die Ordnung des Diskurses*. Frankfurt[9] a. M. 2003.

Gehring, Wes D.: *Romantic vs. Screwball Comedy. Charting the Difference*. Lanham 2002.

Haefele, Volker: "Leoparden küsst man nicht." In: Heinz-B. Heller und Matthias Steinle (Hg.): *Filmgenres. Komödie*. Stuttgart 2005. S. 171-176.

Henderson, Brian: "Romantic Comedy Today: Semi-tough or impossible?" In: Gregg Rickman (Hg.): *The Film Comedy Reader*. New York 2001. S. 310-326.

Kaufmann, Anette: *Der Liebesfilm. Spielregeln eines Filmgenres.* Konstanz 2007.

Dies.: "Es geschah in einer Nacht." In: Thomas Koebner und Jürgen Felix (Hg.): *Filmgenres. Melodram und Liebeskomödie*. Stuttgart 2007. S. 44-51.

Kendall, Elizabeth: *The Runaway Bride. Hollywood Romantic Comedies of the 1930s.* New York 1990.

King, Geoff: *Film Comedy*. London 2002.

Krutnik, Frank: "Love lies: Romantic fabrication in contemporary romantic comedies." In: Peter William Evans und Celestino Deleyto (Hg.): *Terms of endearment. Hollywood romantic comedy of the 1980s and 1990s*. Edinburgh 1998. S. 15-36.

Laham, Nicholas: *Currents of Comedy on the American Screen. How Film and Television deliver different laughs for changing times.* Jefferson 2009.

Lotman, Jurij M.: *Die Struktur literarischer Texte.* München[4] 1993.

Luhmann, Niklas: *Liebe als Passion. Zur Codierung von Intimität.* Frankfurt[4] a. M. 1984.

McDonald, Tamar Jeffers: *Romantic Comedy. Boy meets girl meets genre.* London 2007.

Musser, Charles: "Divorce, DeMille and the Comedy of Remarriage." In: Kristine Brunovska Karnick und Henry Jenkins (Hg.): *Classical Hollywood Comedies.* New York 1995. S. 282-313.

Neale, Steve: "Questions of Genre." In: Barry Keith Grant (Hg.): *Film Genre Reader II.* Austin 1995. S. 159-183.

Ders. und Krutnik, Frank: *Popular Film and Television Comedy.* London 1990.

Nugent, Frank S.: "Bringing Up Baby." In: *New York Times.* 04.03.1934. Online verfügbar: <http://movies.nytimes.com/movie/review?res=EE05E7DF173FE161BC4C53DFB5668383629EDE>. Datum des Zugriffs: 27.02.2010.

Olsin Lent, Tina: "Romantic Love and Friendship: The Redefinition of Gender Relations in Screwball Comedy." In: Kristine Brunovska Karnick und Henry Jenkins (Hg.): *Classical Hollywood Comedies.* New York 1995. S. 314-331.

Preston, Catherine L.: "Hanging on a Star: The Resurrection of the Romance Film in the 1990s." In: Wheeler Winston Dixon (Hg.): *Film Genre 2000. New Critical Essays.* New York 2000. S. 227-243.

Renner, Karl Nikolaus: "Grenze und Ereignis. Weiterführende Überlegungen zum Ereigniskonzept von J.M. Lotman." In: Gustav Frank und Wofgang Lukas (Hg.): *Norm – Grenze – Abweichung. Kultursemiotische Studien zu Literatur, Medien und Wirtschaft. Michael Titzmann zum 60. Geburtstag.* Passau 2004. S. 357-381.

Rickmann, Gregg: Runaway Brides. In: Ders. (Hg.): *The Film Comedy Reader*. New York 2001. S. 327-333.

Río, Constanza del: "Something Wild: Take a walk on the wild side (but be home before midnight)." In: Peter William Evans und Celestino Deleyto (Hg.): *Terms of endearment. Hollywood romantic comedy of the 1980s and 1990s*. Edinburgh 1998. S. 75-92.

Rowe Karlyn, Kathleen: "Comedy, Melodram, and Gender: Theorizing the Genres of Laughter." In: Krin Gabbard und William Luhr: *Screening Genders*. New Brunswick 2008. S. 155-167.

Dies.: *The Unruly Woman. Gender and the Genres of Laughter.* Austin 1995.

Schirmer, Arnd: "Yuppies Neuer Alptraum." In: *Der Spiegel* 32 (1987). Online verfügbar: <http://www.spiegel.de/spiegel/print/d-13523744.html>. Datum des Zugriffs: 27.02.2010.

Schreckenberg, Ernst: "Was ist postmodernes Kino? – Versuch einer kurzen Antwort auf eine schwierige Frage." In: David Bordwell u.a. (Hg.): *Die Filmgespenster der Postmoderne*. Frankfurt a. M. 1998. S. 119-130.

Shumway, David R.: "Screwball Comedies: Constructing Romance, Mystifying Marriage." In: Barry Keith Grant (Hg.): *Film Genre Reader II*. Austin 1995. S. 381-401.

Ders.: *Modern Love. Romance, Intimacy, and the Marriage Crisis.* New York 2003.

Titzmann, Michael: *Strukturale Textanalyse.* München 1977.

Viano, Maurizio: *Something Wild*. In: Film Quarterly 40 (4, 1987). S. 11-16.

Wartenberg, Thomas E.: *Unlikely Couples. Movie Romance as Social Criticism.* Boulder 1999.

Wood, Robin: "'I Just Went Gay, All of a Sudden': Gays and 90's Comedy." In: Gregg Rickman (Hg.): *The Film Comedy Reader*. New York 2001. S. 409-421.

Wright Wexman, Virginia: *Creating the Couple. Love, Marriage, and Hollywood Performance.* Princeton 1993.

Wulff, Hans Jürgen: "Screwball Comedies: Ein enzyklopädischer Artikel." In: *Medienwissenschaft/Hamburg: Berichte und Papiere* <http://www1.uni-hamburg.de/Medi-en/berichte/arbeiten/0003_03.html>. Datum des Zugriffs: 27.02.2010.

Ders.: *Die Erzählung der Gewalt. Untersuchungen zu den Konventionen der Darstellung gewalttätiger Interaktion.* Münster 1990.

Wünsch, Marianne: "Das Modell der 'Wiedergeburt' zu 'neuem Leben' in erzählender Literatur 1890-1930." In: Karl Richter und Jörg Schönert: *Klassik und Moderne*. Stuttgart 1983. S. 379-408.

FILM- UND MEDIENWISSENSCHAFT

Herausgegeben von Irmbert Schenk und Hans Jürgen Wulff

ISSN 1866-3397

1 *Oliver Schmidt*
Leben in gestörten Welten
Der filmische Raum in David Lynchs *Eraserhead*, *Blue Velvet*, *Lost Highway* und *Inland Empire*
ISBN 978-3-89821-806-1

2 *Indra Runge*
Zeit im Rückwärtsschritt
Über das Stilmittel der chronologischen Inversion in *Memento*, *Irréversible* und *5 x 2*
ISBN 978-3-89821-840-5

3 *Alina Singer*
Wer bin ich? Personale Identität im Film
Eine philosophische Betrachtung von *Face/Off*, *Memento* und *Fight Club*
ISBN 978-3-89821-866-5

4 *Florian Scheibe*
Die Filme von Jean Vigo
Sphären des Spiels und des Spielerischen
ISBN 978-3-89821-916-7

5 *Anna Praßler*
Narration im neueren Hollywoodfilm
Die Entwürfe des Körperlichen, Räumlichen und Zeitlichen in *Magnolia*, *21 Grams* und *Solaris*
ISBN 978-3-89821-943-3

6 *Evelyn Echle*
Danse Macabre im Kino
Die Figur des personifizierten Todes als filmische Allegorie
ISBN 978-3-89821-939-6

7 *Miriam Grossmann*
Soziale Figurationen und Selbstentwürfe
Schauspieler und Figureninszenierung in Eric Rohmers *Pauline am Strand*, *Vollmondnächte* und *Das grüne Leuchten*
ISBN 978-3-89821-944-0

8 *Peter Klimczak*
40 Jahre ‚Planet der Affen'
Zeitgeist- und Reihenkompatibilität – über Erfolg und Misserfolg von Adaptionen
ISBN 978-3-89821-977-8

9 *Ingo Lehmann*
Ziellose Bewegungen und mediale Selbstauflösung
Das absurde «Genrefilm-Theater» Monte Hellmans
ISBN 978-3-89821-917-4

10 *Gerd Naumann*
Der Filmkomponist Peter Thomas
Von Edgar Wallace und Jerry Cotton zur Raumpatrouille Orion
ISBN 978-3-8382-0003-3

11 *Anja-Magali Bitter*
Die Inszenierung des Realen
Entwicklung und Perzeption des neueren französischen Dokumentarfilms
ISBN 978-3-8382-0066-8

12 *Martin Hennig*
Warum die Welt Superman nicht braucht
Die Konzeption des Superhelden und ihre Funktion für den Gesellschaftsentwurf in US-amerikanischen Filmproduktionen
ISBN 978-3-8382-0046-0

13 *Esther Lulaj*
Nimm (nicht) ab!
Zur Funktion des Telefons im Spielfilm – Von Metropolis bis Matrix
ISBN 978-3-8382-0125-2

14 *Boris Rozanski*
Das ungleiche Liebespaar in der 'Screwball Comedy'
Paarbildung und Selbstfindung von Frank Capras *It Happened One Night* bis zu Jonathan Demmes *Something Wild*
ISBN 978-3-8382-0145-0

In Vorbereitung:

Tobias Sunderdiek
"The Wonderful Wizard of Oz" – Verfilmungen eines Kinderbuchklassikers
ISBN 978-3-89821-960-0

Abonnement

Hiermit abonniere ich die Reihe **Film- und Medienwissenschaft (ISSN 1866-3397),** herausgegeben von Irmbert Schenk und Hans Jürgen Wulff,

❒ ab Band # 1

❒ ab Band # ___

❒ Außerdem bestelle ich folgende der bereits erschienenen Bände:
#___, ___, ___, ___, ___, ___, ___, ___, ___, ___, ___, ___

❒ ab der nächsten Neuerscheinung

❒ Außerdem bestelle ich folgende der bereits erschienenen Bände:
#___, ___, ___, ___, ___, ___, ___, ___, ___, ___, ___, ___

❒ 1 Ausgabe pro Band ODER ❒ ___ Ausgaben pro Band

Bitte senden Sie meine Bücher zur versandkostenfreien Lieferung innerhalb Deutschlands an folgende Anschrift:

Vorname, Name: ______________________________

Straße, Hausnr.: ______________________________

PLZ, Ort: ______________________________

Tel. (für Rückfragen): ______________ *Datum, Unterschrift:* ______________

Zahlungsart

❒ *ich möchte per Rechnung zahlen*

❒ *ich möchte per Lastschrift zahlen*

bei Zahlung per Lastschrift bitte ausfüllen:

Kontoinhaber: ______________________________

Kreditinstitut: ______________________________

Kontonummer: ______________ Bankleitzahl: ______________

Hiermit ermächtige ich jederzeit widerruflich den *ibidem*-Verlag, die fälligen Zahlungen für mein Abonnement der Reihe **Film- und Medienwissenschaft** von meinem oben genannten Konto per Lastschrift abzubuchen.

Datum, Unterschrift: ______________________________

Abonnementformular entweder **per Fax** senden an: **0511 / 262 2201** oder 0711 / 800 1889
oder als **Brief** an: *ibidem*-Verlag, Julius-Leber Weg 11, 30457 Hannover oder
als **e-mail** an: **ibidem@ibidem-verlag.de**

***ibidem*-Verlag**

Melchiorstr. 15

D-70439 Stuttgart

info@ibidem-verlag.de

www.ibidem-verlag.de
www.ibidem.eu
www.edition-noema.de
www.autorenbetreuung.de

Zeitfracht Medien GmbH
Ferdinand-Jühlke-Straße 7
99095 Erfurt, Deutschland
produktsicherheit@kolibri360.de